[英国] 米里 · 鲁宾 著　陈日华 许诺 译

中世纪

牛津通识读本 ·

The Middle Ages

A Very Short Introduction

译林出版社

图书在版编目（CIP）数据

中世纪 /（英）米里·鲁宾（Miri Rubin）著；陈日华，许诺译.
—南京：译林出版社，2023.2
（牛津通识读本）
书名原文：The Middle Ages: A Very Short Introduction
ISBN 978-7-5447-9458-9

Ⅰ.①中… Ⅱ.①米… ②陈… ③许… Ⅲ.①欧洲－中世纪史
Ⅳ.①K503

中国版本图书馆 CIP 数据核字（2022）第 193096 号

著作权合同登记号 图字：10-2018-429 号

中世纪 ［英国］米里·鲁宾／著 陈日华 许 诺／译

责任编辑 田 智
装帧设计 景秋萍
校　　对 戴小娥
责任印制 董 虎

原文出版 Oxford University Press, 2014
出版发行 译林出版社
地　　址 南京市湖南路 1 号 A 楼
邮　　箱 yilin@yilin.com
网　　址 www.yilin.com
市场热线 025-86633278
排　　版 南京展望文化发展有限公司
印　　刷 江苏扬中印刷有限公司
开　　本 890 毫米 ×1260 毫米 1/32
印　　张 9.125
插　　页 4
版　　次 2023 年 2 月第 1 版
印　　次 2023 年 2 月第 1 次印刷
书　　号 ISBN 978-7-5447-9458-9
定　　价 39.00 元

序 言

侯建新

读者面前的这本《中世纪》，是牛津大学出版社“牛津通识读本”（Very Short Introductions）庞大书系的一种，如今陈日华副教授翻译的中译本及英文原版一起在译林出版社出版，谨致祝贺！

文艺复兴时期的人文主义者创造出“中世纪”（Medieval, Middle Ages）这个术语，最先将这个概念用于历史学的，是15世纪意大利史学家弗拉维奥·比昂多等。他们把西欧5世纪至15世纪的那一千年称作中世纪，意指古希腊罗马文明与他们所处时代两座文化高峰之间的“中间年代”，带有明显的贬义，是理智处于昏睡状态中的“死海之岸”，动荡且愚昧，直到人文精神出现才重新觉醒，“文艺复兴”由此得名。“文艺复兴”“黑暗时代”“中世纪”等欧洲人的话语和概念，传播至世界各地，塑造了人们对欧洲和欧洲历史的认知。

文艺复兴时期产生的“中世纪”概念以及相关的话语体系，带有明显的误判，后来西方人自己越来越清楚地认识到这一点，特别是19世纪末叶以降，学界主流看法出现大幅度的翻转。《中世纪》作者坦率地指出："实际上，'中世纪'用来描述公元500年至公元1500年之间的历史，是一个略显尴尬的术语。"当下人们还在使用它，不过是约定俗成罢了。人文主义者的误判，导致人们认知上的长期混乱。主要表现在两点：其一，不适当地抬高古典文明。大概出于博弈的考量，也是对古典文明认知有限，人文主义者无限美化遥远的古典世界，将罗马帝国覆亡后的历史判定为千年沉睡与愚昧。殊不知，人文主义者时代已处于传统社会迈向资本主义的转捩点，面临着时代性突破，岂是古典世界可比？！其二，将自己与古典文明绑定，为自己行为的合理性声张，结果不期而然，将西方文明与古典文明混为一谈。只要你使用那些概念，就是在重申相应的历史认知，以欧洲与古典文明为一体，不过中间停滞千年而已。

已有许多大方之家，包括经典教科书，对欧洲文明作了系统论述，欧洲文明是诞生于中世纪的新文明，是次生型文明，它与古希腊罗马文明有本质不同，尽管有着某种联系。西方不是指古希腊、罗马和以色列民族，而是西欧诸民族吸收古典世界的一些文化元素，予以改造的结果。况且欧洲采纳的对象不单单有古典文明，还有以色列，更有日耳曼和基督教的文化元素。一个基本事实是，公元5世纪后，文明主体变更，有着不同文化传统的日耳曼人，踏着罗马帝国的废墟入主欧洲，从此"西欧的政治命运永远地转移到了日耳曼侵略者之手"。[①]

辨明欧洲文明的身份，还其历史本来面貌是应有之义；更重

① 乔治·霍兰·萨拜因：《政治学说史》上册，盛葵阳、崔妙因译，北京：商务印书馆，1986年，第242页。

要的是，有助于认识欧洲文明的本质特征，毕竟欧洲培育出了人类历史上第一个以工业为主要生产方式、城市为主要生活舞台的文明，彻底地改变了整个人类生产和生活模式。公元500年至1500年的欧洲，所谓“中世纪”，无疑有黑暗的一面，诸如焚烧女巫运动，对“异端”的封杀，中世纪晚期教会腐化与堕落等。但中世纪绝非“空档期”。相反，它是不同文化的融汇期，更是开拓期。公元1000年以后，欧洲进入它的第一个青春期，第一个富有活力的阶段。中世纪充满了无序、躁动甚至暴力，同时非常具有原创性，在一个再发酵的文明之上，出现了不少有趣的、富有生命力的社会制度和社会组织方式。伦敦大学玛丽女王大学米里·鲁宾教授的《中世纪》，以其简洁和生动的叙述证明了这一点。

中世纪欧洲典型的文化符号是城堡与骑士，这些主题长久以来为研究者和读者所青睐。然而，《中世纪》这本通识读本别出心裁，作者试图让历史更具有包容性，让历史覆盖以前的历史学家所忽视的人和现象，尤其对欧洲普通民众和不同区域给予了特别关注。除了国王与贵族等上层人物之外，作者还考察了农民、商人、知识分子、女性与修女、犹太人等普通人物。这些人物的形象鲜活饱满，借助遗嘱、法庭上的证词等，我们看到他们既充满热情与虔诚，又嫉妒且贪婪。

作者还描述了普通民众的社会生活方式以及他们置身其间的社会组织，这里仅举社团制为例。我们知道，这样的社团制源自日耳曼人村庄共同体传统，进入中世纪以后，村庄共同体没有消失，仍然具有集体行动能力，成为中世纪乡村组织的重要部分。《中世纪》更多地介绍了社团制在乡村以外的发展。例如，城市行会努力就原材料价格进行谈判，包括纺织工匠的羊毛、木匠的木材、屠夫的牲畜等价格，并寻求城市委员会对行会政策的支持。此外，通过秘密宣誓和效忠，行会成员也受到约束，如严格遵守其规则，执行协议和支付会费等。行会对城市生活管理和财政收入举足轻重，因此在许多城市，每个行会都有代表加入城市委员会，成为政治代表的基础。

令人感兴趣的是，作者告诉我们，这种社团制不仅出现在地方乡村和城市，还上升到跨地区、跨国家范围，作用于整个社会层面。有时用于城市联盟，并获得该地区国王或皇帝的授权。后来，一个强大的商人协会将北方和波罗的海地区的城市联合起来，这就是著名的汉萨同盟。由100多个城市组成的汉萨同盟足够强大，它可以投资于打击海盗的军事行动，还可以与丹麦国王或英国国王进行卓有成效的谈判，允许商人自由通行，或确保同盟范围内的自由贸易。自治社团组织使社会充满活力，如同这个时期其他原创性社会制度一样，它肇始于中世纪，却对欧洲乃至世界历史产生深远影响。作者视野开阔，叙述起来却不失细节，简约而准确，见微知著。阅读此书，如同漫步在美不胜收的山阴路上，拿到此书，我几乎一口气读完。

日华曾连续跟我读完硕士、博士学位，现在南京大学历史学院任教。近十余年我在南京大学担任特聘教授，这样算来我们的交往竟有二十余年之久。日华是一位潜心学术和教学的新一代历史学人，不断有成果问世。作为子课题负责人，他参加了我主持的国家重大招标项目“欧洲文明进程”（16卷）；还参与了《新编剑桥中世纪史》（7卷8册）和《世界中世纪史译名词典》的翻译工程。这两套书分别由商务印书馆和中国社会科学出版社出版。由于良好的专业和语言基础，相信日华能够胜任《中世纪》一书的翻译工作。

“牛津通识读本”《中世纪》和《新编剑桥中世纪史》，二者体量悬殊，风格迥异，然而她们都是史学作品中的明珠，对于国人了解欧洲文明的历史都有不可替代的独特价值。今天，译林出版社与牛津大学出版社联袂推出的《中世纪》中英双语版即将与我国读者见面，可圈可点，希望大家喜欢这本简明读本！

2022年浅秋于天津

目 录

致 谢

我很荣幸受邀写作一本“牛津通识读本”，这是一次机会，也是一项艰巨的任务。无论是从历史学家那里学到的古今知识，还是回答学生问题时得到的领悟，我把其中大部分都运用到本书的写作中了。牛津大学出版社邀请了五位专家评价该选题，还有两位同事阅读了终稿：我非常感谢这些匿名合作者的建议。几位慷慨的朋友提供了有用的意见和关键信息，还有一些朋友以批判性的见解和鼓励，对全文进行了评论。其中包括马修·康普、彼得·登利、艾玛·狄龙、亚尼夫·福克斯、伊扎克·亨、艾尔·波莱格、马格纳斯·瑞恩、克里斯·斯帕克斯、加雷斯·斯特曼·琼斯、大卫·华莱士和西蒙·亚罗。

我非常感谢由艾玛·马领导的牛津大学出版社团队，他们充满活力，并且给予我指导和专业上的支持，也非常感谢多萝西·麦卡锡非常仔细地校对了终稿文本。

我将这本书献给我亲爱的朋友和杰出的历史学家舒拉米思·沙哈尔。

导言

这本"牛津通识读本"将提供两种方法，帮助我们充分了解欧洲历史上一个漫长的时期，即公元500年左右至公元1500年左右的"中世纪"。

"中世纪"这一术语——法语的中世纪（*Moyen Âge*）或意大利语的中世纪（*medioevo*）——描述的都是单一的"时代"，这其实是一种误导。单一的"时代"这一概念没能把握住真相，即我们面对的是一个广阔的领域，是一个处于不断变化中的长时段。当我们探求连续性和变化时，我们会发现这一时期的欧洲并没有按照单一的节奏生活。虽然从早期开始，意大利、伊比利亚半岛和法国南部的城市生活已经充满活力，但直到12世纪，英格兰和法国才发展出大量的城市中心和商业；直到13世纪，波希米亚才有同样的发展；而波罗的海地区则要等到14世纪。同样，欧洲各地区基督教化的时间也不同：罗马有着古老的基督教共同体，约公元500年法兰克人成为基督教徒，约公元1000年冰岛人成为基督教徒，波罗的海地区的利沃尼亚人到14世纪才基督教化。如果我们用宗教变迁来思考，那么在公元1200年后，堂区制度影响着大多数欧洲人；如果用农业生活的节奏来考虑，那么中世纪的许多方面直到18世纪仍然存在。

正如我们所见，在我们研究的这一时期，一些文化和民族
1 开始接触，大多数情况下是相互学习；他们有时也会发生冲突，但最终会融合。罗马帝国的城市生活、基督教知识遗产、公民观念、贸易以及为公共利益服务的公职选举原则——共和国，这些都是它的遗产。日耳曼人虽然被视作野蛮人，是中世纪“留胡子的人”，但他们以血缘为基础的社会价值观和能力的影响越来越大，从我们所说的这个时代开始，他们已经成为罗马帝国的长期邻居，甚至是其中的一员。再加上7世纪以来伊斯兰教在地中海国家传播的影响，以及伊斯兰欧洲在塑造政治和传播全部知识领域中所起的作用，我们所研究的时代显现出自身的复杂性。当这些力量发挥作用时，各种形式的人类交流和互动方式便塑造了欧洲人的生活：征服、皈依、模仿、立法和信仰。

就连欧洲这个词也远没有固定下来。我将用它来描述一个广袤大陆的最西端，在这个地区，一个不断壮大的政治集团及其人民之间，形成了共同的基督教文化，其谱系与罗马帝国晚期有关。这些王国和人民形成了一个紧密的联合体，其基础是一体化经济，普遍的宗教生活框架，用拉丁语交流的文化精英，以及受婚姻、外交、战争和生活方式约束的世俗精英。

我们最感兴趣的是欧洲的人民和地区。自20世纪初以来，历史学家们一直试图让历史更具包容性，试图让历史涵盖先前的历史学家所忽视的人和现象。法国历史学家马克·布洛赫（1886—1944）教我们如何研究农业社会的多样性和动态性；

雅克·勒高夫（1924—2014）展示了城市的文化和商业生活是多么丰富。在他们之后，还有许多历史学家研究这段跨越数个世纪的欧洲历史，使其变得多元和具有挑战性。除了国王和王 2
后以及主教和贵族，我们现在还考察知识分子和农民、商人和女性、犹太人和修女。此外，我们关注他们使用的物品、他们生存环境的形态以及环境中的各种声音。由此产生了规范和越轨、延续和变化、人们生活的限制和脆弱，以及机会和愿望。

如果你即将在大学学习历史，或者通过旅行、电影或奇幻小说，对欧洲的过去产生了兴趣，那你可能会碰到“中世纪”这个术语，因此我们在这里也使用这个说法。但是，在考察这个术语的来源和假设之前，我们还不能这么做。所以，这本通识读本正是以此开篇。 3

第一章

“中”世纪？

“中”世纪：该术语的意思？

正如许多欧洲的概念那样，“中世纪”已经传播至世界各地，塑造了人们对欧洲和欧洲人的看法。实际上，“中世纪”用来描述公元500年至公元1500年之间的历史，是一个略显尴尬的术语。它暗示，这是一个发展滞缓的时期，处于其他两个重要时段之间，具有居中性。

创造出“中世纪”这个术语的人坚信自己的价值，并且因为他们生活在后世而倍感荣幸。诗人彼特拉克（1304—1374）最早使用“中世纪”（*Media aetas*）这一术语，随后的一个世纪，政治家和历史学家也开始采用这个说法，如莱昂纳多·布鲁尼（约1370—1444）和弗拉维奥·比昂多（1392—1463）。这些人往往投身政治和文学活动，养成了有意识地研究古典著作与观念的习惯，并称其为“人文主义”。他们赞美自己的时代和自己的城市，更赞美每个人。

领袖、传教士和公共知识分子经常宣称新时代即将到来。这不是空话，但也不是历史学家需要从表面上接受的说法。像布鲁尼这样的人文主义者，正在宣扬意大利市民的一种特别的 4
生活方式——这使得艺术家、诗人、建筑师和历史作家能够在以托斯卡纳为中心的宫廷和城市中提高自己的技能。他们是享有特权的罗马文化瑰宝的传播者。人们通常认为，以公元476年西罗马帝国最后一位皇帝退位为标志，罗马帝国瓦解，罗马文化也消亡了。

这些人被视作“人文主义者”，他们是古典文化勇敢的探索者。但对于生活在“中世纪”的人来说，这些古典文化瑰宝晦涩难懂。这些人文主义者有自我意识，能够对提供赞助的王室、教宗和贵族家庭表示感谢。在那些充满古典韵律美的诗歌和信件中，在那些以古罗马建筑为灵感的宫殿里，处处都体现着这种自我意识。当乔尔乔·瓦萨里（1511—1574）写下这一时期伟大艺术家的第一部历史时，他认为古典标准的复兴是以高耸的尖顶和尖拱门为特征的“哥特式”时代之后一个受欢迎的变化。（见方框1）

方框1　哥特式风格

哥特式建筑风格是我们所研究的时代最伟大的创新之一，经久不衰。公元1140年左右，法国的圣但尼修道院、沙特尔大教堂和桑斯大教堂首次采用哥特式建筑风格，在随后几十年中，哥特式建筑风格传播至整个欧洲。哥特式建筑追求高度和崇高感；建筑者往往会在墙上嵌入大面积的窗户，使用彩色玻璃，从而达到建筑内充满多彩光线的效果。哥特式建筑像一块画布，可以进行雕刻、绘画和色彩装饰。所有对高度和光线的追求，都是为了激发和升华参观者对神圣事物的思考。通过法国艺术家的作品，哥特式传播开来，伦敦的威斯敏斯特大教堂和布拉格的圣维图斯大教堂都采用了哥特式建筑风格。此外，许多地区——从瑞典到塞浦路斯——创造出自己的风格。哥特式风格也影响了世俗建筑：城堡、宫殿和市政厅，比如布鲁塞尔宏伟的市政厅。只有意大利凭借其强大的古典传统和独特的地方政治文化，才能够抵御哥特式的诱惑。

人文主义者认为，他们见证了在中世纪被破坏的古典思想和习惯的重生，即“再生”（*rinascimento*）。因此，他们用文艺复兴一词描述对古典文化的热情和兴趣。同样，创造“文艺复兴”一词的人相信，在拥有杰出的学者方面，意大利是独一无二的。但事实上，由于后来印刷术的发明，欧洲各地的学者和读书人都参与了意大利的文艺文化。

因此，我们暂且不谈描述性历史学术语的“中世纪”和“文艺复兴”，而是关注作为不同时期人物与地点参照系而被反复使用的“中世纪”一词。

中世纪主义

除了“中世纪”和“文艺复兴”之外，还有一些因素影响我们对公元500年至公元1500年间欧洲的认知。后来复兴的全球影响、概念的挪用、走进寻常百姓的“中世纪”元素，诸如此类都影响着我们的认知。19世纪时，人们高度认可前现代欧洲的美学价值。对一些人来说，这是对18世纪启蒙运动的反叛，因为启蒙运动的思想家强调，指导人类活动的理性具有重要的意义，并认为早期时代是“以野蛮名义进行的野蛮冒险”。19世纪的“中世纪主义”追寻过去共同体的价值——这是商业社会和全球市 6
场兴起前的价值，是由虔诚宗教精神指引的属灵的价值。还有一部分人反对法国大革命和它的血腥，常常颂扬欧洲的旧秩序，即旧政权（*ancien régime*），如传统的君主制和建制化的教会，认为这才是欧洲人生活的长久之道，英国和普鲁士应该珍惜这种制度，或者法国应该恢复旧制度。

斯塔尔夫人（1766—1817）是一位浪漫主义小说家和法国大革命评论者，她盛赞中世纪美学中欧洲文明的日耳曼渊源。同样，历史学家托马斯·卡莱尔（1795—1881）受到他所理解的中世纪修道院中合作与劳动精神的启发，在他1843年的《过去与现在》中，提倡一种新的后基督教时代的“工作的教义”。在几十年中，工业爆炸式发展，欧洲大部分国家都有了铁路，发展带来了机遇，也带来了人类的苦难。这时，中世纪为人们提供了一个“失去的世界”的形象——这是一个更好管理的社会，人性化且规模更合理。威廉·莫里斯（1834—1896）既是设计师，又是一名社会思想家，试图通过模仿中世纪的雕刻和绘画，从中获得手工艺的品质。他这么做，不是出于对天主教的向往，而是出于对乡村生活的向往，乡村的粮仓才是人民真正的大教堂。

在全欧洲，天主教行动和天主教建筑有显著的复兴。自由宪法和改革法案解除了对天主教教徒长达几个世纪的限制，比如1829年英国的《天主教解放法案》，新的文化力量走上历史舞台。因此，像法国移民之子奥古斯都·普金（1812—1852）这样的天主教皈依者，接受了来自英格兰、爱尔兰甚至澳大利亚的天主教大教堂、小礼拜堂和神学院的大量委托。牛津运动不仅热烈拥护中世纪价值观，积极呼吁宗教的革新，还引入了此前宗教改革已经废除的仪式。在法国，1789年法国大革命期间废除的
7 天主教信仰不久得到恢复。随后，法国政府非但不试图破坏古老的天主教遗产，而且还将其恢复为国家历史的一部分。国家开始资助大型的项目，如重建——并不断装饰——有尖顶、雕塑和石像的“哥特式”建筑，其中最著名的是巴黎圣母院大教堂。

中世纪的复兴不只是反对共和或民主政治，或天主教赞助的产物。它还回应了那些在民族国家中培养民族认同与民族表达者的愿望。人们的理解是，民族是由语言、历史和景观整合而成的，而德意志、波兰、匈牙利或挪威所谓的“浪漫民族主义”知识分子，在过去中寻找19世纪民族认同的根源。作曲家理查德·瓦格纳（1813—1883）在古代英雄叙事中，发现了德意志民族性的精髓，这些古代的英雄叙事在12世纪末逐渐形成了《尼伯龙人之歌》类型的诗系。因为每个国家都需要对过去有一个清晰的认识，法国建筑师兼修护者欧仁·维欧勒·勒·杜克（1814—1879）领导了维护中世纪修道院和大教堂的工作，这些修道院和大教堂是民族遗产的一部分，却在大革命期间遭到破坏。沃尔特·司各特（1771—1832）的小说在欧洲家喻户晓，这些小说以中世纪背景为框架，叙写探寻勇气、创造力和具有骑士精神的男子汉理想的故事。在英国，人们认为，通过不断裂的法律和民族传统，现实与盎格鲁-撒克逊人的过去紧密相连。当

1836年公开竞争重建议会大厦的设计时，普金的室内外哥特式视觉效果脱颖而出，取得了胜利。在改革和工业化时代，英国民主的立法起源与1215年的大宪章时代有关。在20世纪，想象的中世纪乡村“郡”启发了中世纪英国文学教授J.R.R.托尔金（1892—1973）的作品。而C.S.刘易斯（1898—1963）在他的寓言作品中探索了天主教和中世纪主题，这些书籍已经成为儿童 8
文学经典，并且也受到成年人的喜爱。

由于所有这些原因，“中世纪”形成了一个参照点，作为现代人的我们，可以利用它塑造自己的身份并进行辩论。因此，可以假设出许多复杂的情况：“中世纪”既可以和社会主义联系在一起，也可以和极端保守主义有关，既可以成为工会凝聚力的基础，也可以成为王室典礼上夸夸其谈的谈资。中世纪可以激发受压迫的少数族群的认同感，也可以激发国家扩张和建立帝国的幻想。这是一份遗产，也是一种机会；它提供了鼓舞人心的事例，也提供了需要不惜一切代价避免的教训。在我们的城市设计、博物馆珍品、音乐、虚拟游戏、文学和景观中，中世纪始终伴随着我们。

罗马及其后的生活

受人文主义者追捧的15世纪的成就，是对更古老传统的延续，这使得欧洲人直面希腊和罗马的古典文化（地图1），他们有时拒绝接受，但大多数时候是模仿它们。在共和国和帝国中，古代文明产生了不同的宗教、哲学以及艺术和治理的风格。大约在公元500年到公元1500年间，人们通过阅读、抄写和作注的方式，探索这些知识遗产。在探索这一传统时，欧洲人也在拉丁诗歌和散文、希腊医学和政治理论，以及音乐和建筑上，留下了自己的印记。欧洲生活的所有领域——法律、神学、政治思想、关爱身体、宗教仪式，甚至土地保有权——都有罗马传统的烙印，并且人们也对其进行不同程度的模仿和改造。

首先，在政府和宗教领域，鲜活的古典传统得以延续。古代
9 晚期的罗马帝国是一个基督教政体。由于君士坦丁皇帝（272—337）在公元312年接受了基督教，并规定在帝国内基督教合法，所以带来了这样的结果。那些基督的追随者将基督教融入帝国生活，到4世纪末期，基督教成为官方宗教。

罗马帝国充满活力，一直以来它的特点之一就是，与边境及其附近的族群接触。昔日的邻居，实际上的敌人，最终加入了罗马世界；有些甚至在2世纪和3世纪成为皇帝。在5世纪，日耳曼族群——如公元418年的哥特人或公元443年的勃艮第人——获得了设营权，或者分配到定居的土地，有时还能分享税收。从我们讨论的这个时期开始，传统的罗马精英——罗马贵族和元老院家族、地产所有者，以及与罗马政治和经济利益相关的人员——继续在日耳曼统治者的手下服务。他们接受人文课程培养，接受逻辑、写作和演讲方面的严格教育，同时还接受计算和科学方面的培训。他们把这些技能带到了主教和政府官员等重要职位上。

实际上，自3世纪末起，罗马帝国就按照两个相互关联的大实体进行管理：东部和西部。公元476年，在西罗马帝国，军事领袖奥多亚塞（433—493）废黜了罗马末代皇帝罗慕路斯·奥古斯都，他领导着一个日耳曼人联盟，因此成为意大利国王。通常情况下，这次政变标志着罗马帝国的“终结”。但事实上，在

地图1　公元450年左右的欧洲

日耳曼族群被纳入罗马军队、驻守其边境、在其国土上定居，并最终要求政治统治权的漫长过程中，这只是其中的一个阶段。很快，东哥特国王狄奥多里克（454—526）取代了奥多亚塞，成为意大利的统治者。公元497年，君士坦丁堡的帝国统治者阿纳斯塔修斯皇帝承认狄奥多里克，并向他赠送象征皇权的标识。
11 狄奥多里克在拉文纳建都，成为新罗马。他任命的宫廷诗人赞颂他在延续罗马帝国风格方面的成就，并维持罗马金币的流通。狄奥多里克认为自己是一个基督教国王，一个忠于基督教阿里乌斯派的国王，但根据罗马传统，君士坦丁堡方面认为这属于异端。同样，法兰克国王克洛维于公元496年皈依基督教，并于公元508年击败西哥特，建立地区霸权后，也从同一位皇帝那里获得了罗马执政官的头衔。通过与君士坦丁堡的外交接触，以及与当地罗马精英的互动，蛮族国王学会了如何进行罗马式统治。

几个世纪以来，罗马的市民文化使得帝国行省的生活充满活力。帝国金库在公共工程和军事防御方面进行了大量投资。当这些投资在4世纪和5世纪减少时，意大利、高卢和西班牙的城市居民数量也随之减少。但拉丁语教学仍在继续，来自元老院家族传统精英的公职人员培训也在继续。罗马法仍被使用，人们仍然走在明显属于罗马城市规划的网格状街道上。公共空间和习俗，如沟渠、马厩、神庙和角斗士游戏，都被改造得可以适应基督教社会。公元609年，罗马万神殿被改建成一座教堂，供奉圣母马利亚[①]和众圣徒。

东哥特人、汪达尔人、法兰克人、勃艮第人和西哥特人，都是

① 本书《圣经》人物的名称均采用和合本《圣经》译法。——编注

罗马人所认为的蛮族，这些蛮族人的国王们都珍视“罗马性”所提供的价值。因此，尽管许多人将这一时期描述为罗马帝国的衰亡期，尤其是爱德华·吉本（1737—1794）在其畅销书《罗马帝国衰亡史》（1776）中广泛传播了这一观点，但我们最好将这个变化的阶段视为“转型期”。也就是说，罗马遗产命运的特征是采纳而不是破坏，这是由各族群之间频繁的互动——通常是暴力的——造成的。 12

随着蛮族罗马化——他们是自愿的，并意识到罗马习俗的优点——一种混合文化应运而生。一本6世纪早期的食品与健康书籍由希腊医生安齐穆斯为法兰克国王提乌德里克大帝（约485—533）撰写，该书巧妙承认了法兰克人的习俗，同时也以灌输罗马价值观为目标。安齐穆斯承认，出身高贵的蛮族人更喜欢喝啤酒和蜂蜜酒，这是任何有自尊的罗马人所憎恶的；但他也建议在处理和准备食物时，要讲究礼节并适量食用。这种礼仪与当时对蛮族男性社交能力的贬低和误解形成鲜明对比。希多尼乌斯·阿波黎纳里斯（430—489）是加洛林罗马元老院家族的儿子，也是外交官、诗人和克莱蒙主教，他对勃艮第人的描述是，散发着大蒜和洋葱的气味，说话含糊不清、头发上涂着变质黄油的巨人。

由于君士坦丁堡仍然存在着唯一的皇帝，这促进了公共行政和经济生活中思想和惯例的延续。查士丁尼皇帝（约482—565）曾试图重建环地中海（东部和西部）的唯一帝国政权，但这些地区已经在蛮族国家及其继任者的统治之下长达一个世纪之久。他还扩展了现在被称为拜占庭的帝国，也就是东部主要说希腊语的地区，战胜了波斯萨珊王朝和亚美尼亚人。他在海上和陆地作战的成功，与雄心勃勃的建筑相匹配。宫廷历史学家普罗科匹阿斯（约490—约560）深情地描述了君士坦丁堡和圣地的建筑，通过这些建筑工程可以感受到基督教帝国的印记。查士丁尼的立法努力对个人和共同体的生活影响更为深远：他委托编写了一部帝国法律汇编，即《查士丁尼法典》，更新了狄奥多西二世公元438年的法律；编写了关于法律实践问题的学术观点摘要，即《学说汇编》；还组织编写了一本法律教科书，里
13 面有一些有用的注释，即《法学总论》。在查士丁尼时期，关于基督本质的神学争论，使得东西部主教充满了活力，更像一个基督教共同体。不久之后，伦巴第人在公元568年征服了意大利北部和中部的大部分地区，这种联系就减少了。

现在金币上刻的是国王的肖像，而不是皇帝的肖像（图1）。6世纪晚期，普罗旺斯发行的钱币虽然重量较轻，但仍然保留着帝国钱币的形状。钱币促进了奢侈品贸易，这些奢侈品在古罗马各省仍然可以买到，尤其会出现在新的王室宫廷，或在教堂和大教堂中用于宗教仪式。钱币缓解了行政官员的征税问题，这

图1　法兰克国王提奥德贝尔特一世（534—548）铸造的金币。蛮族国王持续铸造这种硬币，形状像罗马索利多（*solidus*）金币，是权威和经济繁荣的象征

些官员仍然拥有罗马头衔，并且他们的工资由蛮族国王从公共资金中支付。

查士丁尼试图复兴的地中海帝国，很快被世界历史中一股新出现的力量所改变：伊斯兰教（地图2）。伊斯兰教诞生于阿拉伯半岛，起源包括犹太教和基督教在内的多种传统的融合。这是一种令人兴奋的新宗教意识形态，动员亲属团体参与军事行动，它首先在阿拉伯半岛内传播，随后发展至其他地区。在查 14
士丁尼统治结束后的几十年里，支离破碎、饱受蹂躏的拜占庭帝国逐渐失去领土和税收贡赋，沦为唾手可得的俎上鱼肉。在穆罕默德去世10年后即公元637年，哈里发欧麦尔占领耶路撒冷，这是他征服拜占庭帝国属地叙利亚和巴勒斯坦的巅峰。接下来，他动员了一支军队，于公元639年进入埃及，并将其纳入后来以大马士革为首都的倭马亚王朝。

穆斯林的征服是由阿拉伯军队领导的，但这些军队在当地得到了伊斯兰教皈依者、被击败的拜占庭军队的支持，并且因为与地方族群——如西奈半岛的贝都因人和北非的柏柏尔人——结盟而更加壮大。这样的事态发展很快对欧洲人产生了巨大影响：地中海岛屿、法国南部和意大利遭受袭击，到公元711年，塔里克·伊本·齐亚德领导的北非穆斯林军队已经征服了伊比利亚大部分地区。

很快，穆斯林军队也跨过比利牛斯山脉，进入高卢的塞普提曼尼亚省。他们占领了罗马-西哥特城市，如巴塞罗那和纳尔榜，但深入高卢的进程受阻。基督教徒和穆斯林在欧洲西南部的边界就这样对峙了一代人的时间，直到公元759年法兰克人收复纳尔榜。许多古罗马省份现在处于穆斯林统治之下。在伊比利亚，大量西哥特人皈依伊斯兰教，一些犹太人和很多基督徒也是如此；哥特认同在阿拉伯名字“哥特人”（*al-quti*）中，只留下微弱的回音。基督教的思想版图正在改变。尽管几个世纪以来，比利牛斯山脉一直是边境地区，不时发生暴力冲突，但安达卢斯的穆斯林西班牙对欧洲其他地区产生了广泛的文化影响。

因此，这些征服活动极大地影响了欧洲的形态。他们在伊比利亚和西南高卢创造了如此多元的文化，还建立了如此出人意料的联盟，挑战了我们对中世纪欧洲的观念。在伊比利亚半岛，犹太人、穆斯林和基督徒共同为邻，但他们是不平等的，在阿拉伯文化圈内，他们以一种被称为“共生”（*convivencia*）的方式共存。在下一章，我们将回到欧洲的遗产。在这些地区，还诞生了另一个重要的概念——征服。到了11世纪，来自法兰克王国（即法兰克高卢）的骑士加入征服穆斯林统治领土的行动中，并因此加入后来被称为“再征服”（*reconquista*）的行动，他们得到了来自教宗的祝福。

基督教欧洲政治力量的平衡现在向北转移，远离了危险的地中海。在这里，通过征服和巩固从丹麦到萨克森再到伦巴第的广袤土地，墨洛温王朝的法兰克人取得了显赫地位。

君士坦丁堡的宫廷也是皇帝威严的唯一来源，成为宫廷仪式和艺术的模仿对象。但随着法兰克王国的繁荣，两个政治实体之间出现了竞争。在拜占庭帝国特别动荡的时期，法兰克宫廷的神学家和朝臣甚至挑战了拜占庭帝国在宗教事务上的领导权。在伊琳娜女皇（752—803）统治期间，人们认为女性继位通常会导致政治的脆弱性，于是法兰克神学家们在公元794年写下了《加洛林书》，讨论并颂扬圣像在基督教崇拜中的作用，这是

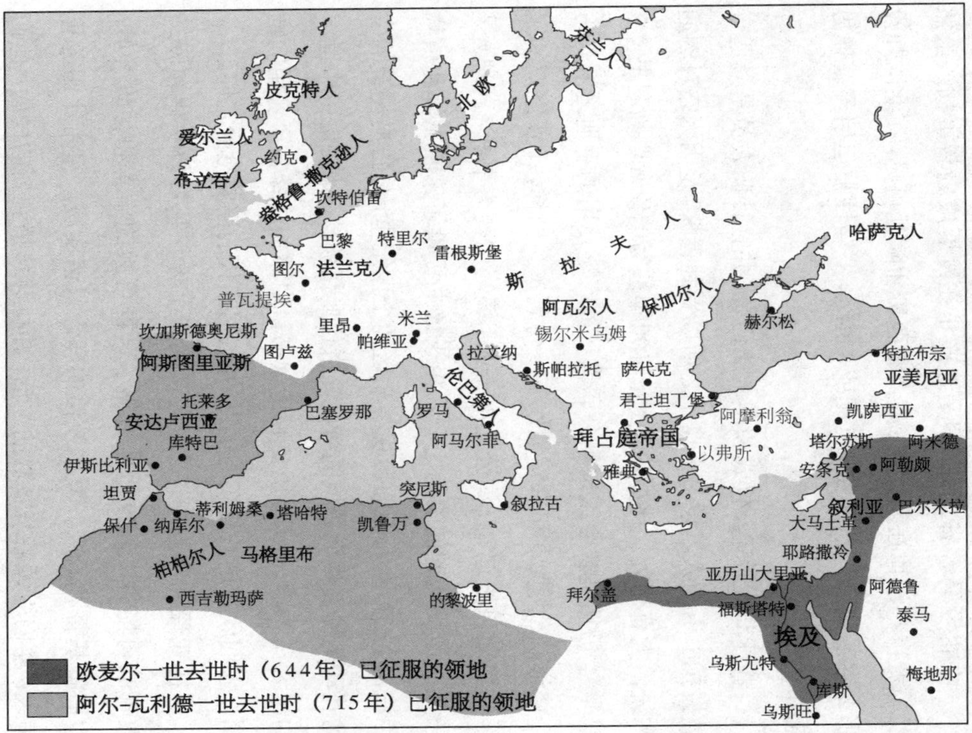

地图2　公元750年左右，在欧洲和地中海的伊斯兰

针对拜占庭连续三任皇帝采取的反传统苦行而展开的论战。公元800年圣诞节，法兰克政治领导权在罗马得到宗教认可，法兰克国王查理大帝（约742—814）由教宗加冕为皇帝。

在古罗马各省之外，罗马遗产正在发展成为新事物。虽然罗马城市和法律在意大利、高卢和西班牙随处可见，在北欧却没那么容易见到。然而在7世纪或8世纪，罗马性被运用到其他思
17 想和实践当中。

拉丁语是宗教、仪式和学术的语言，并且神职人员是最适合教授拉丁语的人。学习古典学之所以受到青睐，是因为它对沟通和统治大有用处。比如说，公元前90年编写的修辞学教科书《修
18 辞学》，仍然是教会或国家公职人员最广泛使用的手册之一。每个修道院、大教堂和宫廷都保有一份副本。同样，小亚细亚的军医狄奥斯科里迪斯（约公元40—90）编写的药方书籍《药理》是16世纪最受欢迎的书籍之一。由于该书提供了诊断见解和植物疗法，因此受到人们的珍视。在这几个世纪里，与古典传统的生动互动是许多生活领域的特点。古代典籍被抄写和加注；中世纪的读者在医学、地理、历史和诗歌书籍中添加注释甚至实用的插图。人们欣赏这些传统的优点，并根据当代的需要检验它们。

在亚琛的宫廷中，查理大帝探索了推行基督教文化和罗马教育的可能性（图2）。他召集了一群可敬的学者和行政人员，他们将基督教-罗马-欧洲统治的理念付诸实践。皇帝比国王更伟大；他们引领着基督教的生活，并将其传播到新的民族；他们制定法律并坚定信仰。皇帝不仅拥有独一无二的皇冠、戒指和权杖这些御用物品，还拥有收入、权利和宫廷仪式。在10世纪，奥托建立的萨克森王朝在公元936年至公元1024年间确立了自

图2　位于亚琛的查理大帝宫殿的小礼拜堂，建于公元792年至公元805年间。桶形拱顶、小礼拜堂顶部的圆顶和从意大利引进的大理石柱，都明显借鉴了罗马建筑

己神圣罗马帝国继承人的地位。奥托及其继承者通过安排与拜占庭皇室的婚姻，以及像查理大帝那样推动征服、宫廷艺术和建筑事业，强化了他们的统治地位。恰如其分的是，他们也是修道

院及其学术的伟大赞助人。

拜占庭帝国正在经历巨大的变化，穆斯林已经扩张到叙利亚、北非、意大利南部和西西里岛，帝国的领土已经丧失殆尽。但在其北部和西北部，在保加尔人、波兰人和罗斯人之间，还有扩张的空间。通过希腊传教士，如圣徒兄弟西里尔和美多迪乌
19 斯，基督教传播到了摩拉维亚和潘诺尼亚。拜占庭文化通过教会仪式传播，通过传教士帮助设计的新字母表传达，并发展成西里尔字母表，至今东欧和亚洲部分地区仍在使用。在10世纪和11世纪，拜占庭帝国受到来自中亚的塞尔柱人等民族迁徙的冲击。游牧的塞尔柱人皈依了伊斯兰教，成为一支充满活力的军事力量，他们为了新信仰不断征服。从公元1054年开始，希腊和拉丁主教在三位一体神学上的分歧，标志着拜占庭宗教团结和影响力在西方的衰落。我们将在牛津通识读本《拜占庭》中讲述拜占庭帝国的历史。

尽管面临种种挑战，拜占庭帝国可能仍然是欧洲行动计划的重要盟友。公元1096年，一支后来被称为“十字军东征”的武装朝圣队伍离开欧洲，目的是为东方的基督徒提供帮助，并让基督徒重新进入圣地，当时的首领期待拜占庭帝国将在食品、军队和后勤方面提供帮助。然而皇帝阿莱克修斯一世・科穆宁（1056—1118）其实对这一设想感到惊慌。他的女儿兼传记作家安娜・科穆宁娜（1083—1153）困惑地描述了来自西方的队伍，每支队伍都希望得到体面的接待和支持。

更远的北方

当地中海和高卢正在转型时，不列颠岛、斯堪的纳维亚半岛

和中欧也发生了变化。大约在公元400年罗马军队撤离后，整个5世纪，盎格鲁人、撒克逊人、弗里斯兰人和一些法兰克人迁移并定居在英格兰南部和东部，经常越过乌斯河、特伦特河和宁河深入内陆。日耳曼定居者寻求农田，经常迫使凯尔特原住民离开家园，进一步向西和向北迁移。人们将会铭记这个时期，在几个 20
世纪后，这段历史还会按照不列颠人国王亚瑟的传统进行再创造，亚瑟的故事在12世纪复兴，此后他一直是基督教骑士国王的典范。

约公元600年，教宗格列高利一世派遣的传教团抵达英格兰南部，该地区成为一个活跃的传教地区。与欧洲其他地方一样，由统治者领导皈依，由富有魅力的传教士推动，并经常得到信仰基督教的皇后们的支持。爱尔兰圣徒影响到整个不列颠。《圣科伦巴传》是由修士阿多姆南在科伦巴（公元597年去世）死后一个世纪写成的，书中描述了这位圣徒在苏格兰西海岸爱奥那岛上的工作：告诫首领、预言战争的结果、驱魔，并用自己的疗法对抗巫师。爱尔兰影响了宗教生活的风格，比如历法和修道院的风气，这些往往和罗马-大陆的风俗不一样。修道院院长贝蒂拉（约公元704年去世）从基督教化的法兰克王国给这些“新”基督教徒寄来了书籍和古物。随着时间的推移，一位英国作家创造了“基督教世界”一词，来自不列颠岛的人物成为标志性的基督教领袖：诺森伯里亚僧侣历史学家比德（673—735）写作的教会史，在整个欧洲都受到高度赞扬；约克的阿尔昆（约735—804）一生大部分时间在查理大帝的宫廷中度过，他曾领导教育改革，并担任英格兰和欧洲大陆之间的外交官。

这个统一的、信奉基督教的北欧世界，逐渐围绕着王朝统治组织起来，但即将被暴力破坏和摧毁——这就是在公元789年首次发生的北欧人的袭击。随后是数十年的暴力活动，首先面临危险的是地理位置更暴露的前哨，如林迪斯法恩或爱奥那的修道院所在的岛屿。英格兰北部、米德兰东部、东盎格利亚部分地区以及法兰克王国北部都受到影响。到了公元9世纪中叶，开
21 始了一个谈判与合并的时代，约克和都柏林成为重要的北方贸易中心。最终在几十年的混乱之后，长久的共存局面出现了：公元911年，为了诺曼底的领土，挪威人领袖罗洛向法国国王称臣。在威塞克斯，维京人的挑战促使阿尔弗雷德国王（849—899）加
22 强了统治和防御（图3）。

对那些加入欧洲联合体的国家来说，基督教的思想和实践被当成一套宗教教义、礼拜、法律和文书传播到这些地区。这一进程是相互的。马扎尔人、波希米亚人和北欧人继续生活在血缘关系群体中，他们采用复杂的模式相互保护，沉浸在英雄主义精神中。他们选择加入基督教世界，加入其伟大理念：由上帝提供救赎。对他们来说，基督的形象是一位战胜死亡的英雄。

公元1000年左右的欧洲

到了公元1000年，欧洲人口开始增长并且持续约300年，粮食产量也在增长，超过了需求。这意味着，无论来自哪个乡村共同体，其中一些人都可以到城镇或城市生活，发展专业技能，因为他们知道那里可以获得粮食。城市的增长不仅发生在已有的城市——原来是古罗马时期的——也发生在数以千计的新城镇。这一过程在欧洲地名上留下了印记，这些地名彰显着它们的"新"：纽维尔（*Neu*ville）、纽斯塔特（*Neu*stadt）、纽顿

图3 希登塞宝藏由16件纯金制品组成：胸针、项链和吊坠，可能是为丹麦国王哈拉尔蓝牙王（约935—约986）制作的。北欧维京人从都柏林到罗斯进行贸易，并将财富贮藏在奢侈品中

（*New*town）、卡斯特努沃（Castel*nuovo*）或纽基兴（*Neu*kirchen）。城市的大教堂、学校和市政厅成为文化活动中心，与传统的农村文化据点修道院和贵族大宅并驾齐驱。

现在，资源、热情和才能都被投入新的宗教和学术机构，这就是为什么一个世纪前，美国历史学家查尔斯·霍默·哈斯金斯（1870—1937）将这一时期称为“十二世纪文艺复兴”。由于农业繁荣，社会精英阶层的成员也富裕起来，他们建立了修道院，在那里，他们家族中过去、现在和未来的亲人，都能在祈祷中被纪念；城镇市民支持学校开展书写艺术、法律和医学方面的培
23 训。屡次的征服导致了建筑的浪潮，正如英格兰的诺曼征服，或基督教在伊比利亚的领土被征服后发生的情况。各种令人敬仰的建筑被修建，如卡佩王朝在巴黎北部建立的圣但尼修道院，或在耶路撒冷王国重建的圣墓教堂等，这些建筑标志着王朝独一无二的天命。

虽然古典学已经在欧洲站稳脚跟，但直到12世纪和13世纪的两步传播过程后，一些古典传统才开始为欧洲人所知。在7世纪和8世纪，随着穆斯林的征服和巴格达宫廷的建立，希腊文本被翻译成阿拉伯语。公元1100年后，在西班牙穆斯林（即安达卢斯）的学者如彼得·阿方西（约1062—1110）的主持下，大量阿拉伯语作品被翻译成拉丁语。彼得出生于犹太人家庭，公元1106年皈依基督教。他翻译阿拉伯语和波斯语的道德伦理故事，撰写天文学著作和反对犹太教的论战书籍。他在希伯来语、阿拉伯语和拉丁语的学习领域之间来回自如。彼得四处旅行——他可能是英格兰国王亨利一世（1068—1135）的宫廷医生——很多人抄写他的书，他的作品反响很好。

在12世纪和13世纪，各政治单元开始了显著的整合过程，欧洲一体化的趋势加强。正如我们将在之后几章中具体描述的那样，人口增长与城市发展、贸易多样化，以及基督教欧洲领土的扩张齐头并进。受过拉丁教育的精英为国王、教宗、主教和王

子服务；堂区制度使所有欧洲人都能接受教会的教导、仪式和规章制度。欧洲的一些地区成为常年战区：苏格兰边界、伊比利亚和近东不断变化的基督教-穆斯林边界地区，以及对异教徒进行征服的波罗的海地区。

在地方治安官的支持和地方社区的参与下，王室的司法部门能够更好地追踪并遏制政治体内的暴力。所有这一切的基础 24
都是新制定并广泛传播的法典和习俗。在12世纪40年代，教会法律的权威文本被编入《教会法汇要》，这是对基督教法律传统的整合，旨在协调显著的矛盾。之后每个世纪都有新的汇编和注释，这是欧洲教会法庭的共同法律遗产。王国制定了本国的法规，但也允许其他司法管辖权的存在，如领主在庄园内的管辖权，以及城镇委员会对市场和市民的管辖权。在意大利城市等商业活动中心，发展出了法律专业知识，也出现了一些自治团体，如西班牙的犹太人和穆斯林，以及威尼斯的外国商人。

王朝的野心促使君主建立有效的官僚机构，无论在和平时期还是战争时期，都能管理财政与维护正义。有时必须集中资源不顾一切地保卫领土，13世纪40年代早期，波兰、匈牙利和罗斯的统治者抵御蒙古人进攻时，就采取了这样的做法。但王朝野心也导致了代价高昂的征服战争，比如13世纪60年代安茹的查理占领西西里岛，20年后英格兰国王爱德华一世征服并统治威尔士，或者英格兰和法国之间的百年战争（1334—1453）。13世纪后期，许多地区的经济增长率有所下降，最终出现了饥荒和经济脆弱的征兆：粮食价格上涨，在人口压力下，农民持有的土地规模缩小。在一些地区，经济作物取代了粮食作物，如皮卡第大量种植染料作物，加斯科涅大量种植葡萄。由此，人、动物和食物之间的平衡越来越不稳定。大约在公元1300年，小冰河期开始，潮湿和寒冷意味着欧洲适合耕种的土地面积大大减少（地图3）。

肆虐西北欧的饥荒（1314—1317）和黑死病（1347—1352）
25 大灾难使得我们一直研究的所有安排都面临着致命的考验。公元1314年秋以来，史无前例的洪水和严寒的冬季意味着农业产量的下降，有时降幅达到40%。无论欧洲经济联系得多么紧密，都无法为需要的地区提供粮食。这种失败又因为地主囤积粮食和投机买卖的行为而更加恶化。就在下一代人开始复苏、人口再次增长之际，黑死病——现在普遍认为是腺鼠疫——蔓延到了欧洲。在过去的几十年中，这种疾病已经蔓延到中亚，公元1347年，它通过黑海和意大利之间的船只传至欧洲。这种疾病最初由吸了受感染老鼠血的跳蚤携带，随后传播给人类。感染的人身体上会出现脓疱，特别是淋巴结周围，并发高烧；他们通常在十天内死亡。肺炎型的影响更快，也会更快死亡。虽然欧洲各地区和定居点的死亡率各不相同，但据估计，将近一半的人口死亡。瘟疫在14世纪60年代和70年代卷土重来，在15世纪的许多地区依然肆虐。

因为所有欧洲人都遭受了疾病、损失和丧亲之痛的影响，世界真的发生了翻天覆地的变化。直到16世纪，欧洲人口才再次达到14世纪初的水平。因此，我们必须重新思考有关欧洲经济的许多假设。劳动力需求旺盛，但在人口大量减少后，供养他们所需要的粮食减少了。统治者试图通过立法固定工资和限制工人流动来干预和回应。因此14世纪末和15世纪，欧洲各地出现了许多城市和农村动乱，这并不奇怪。地主们试图从劳动密集

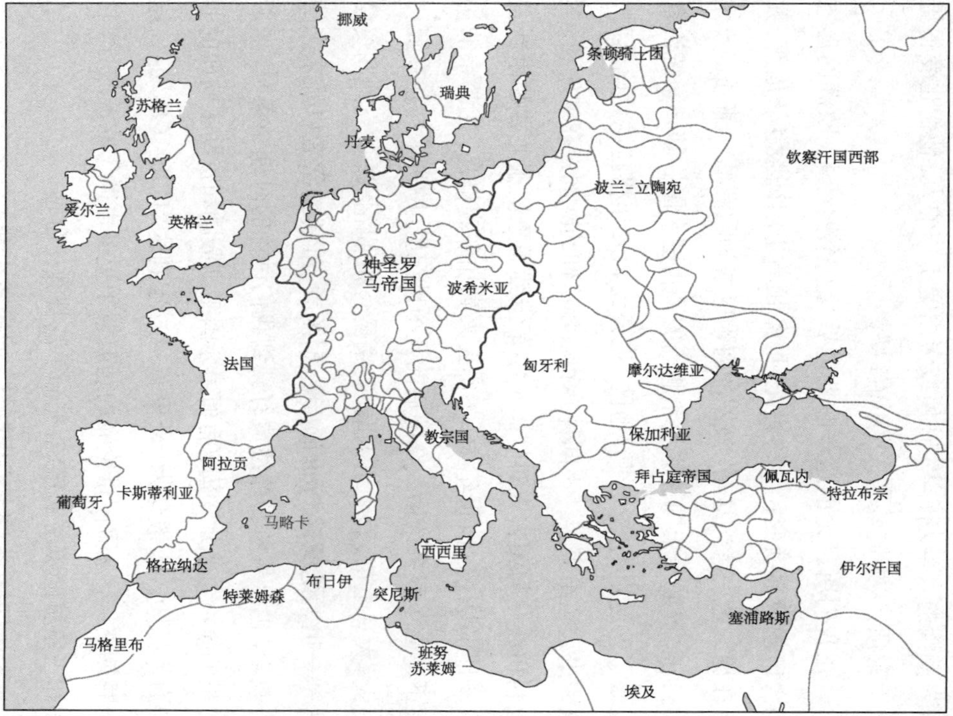

地图3　公元1300年左右的欧洲和邻国

型耕地耕种转向更多样化的活动，如采矿和渔牧业。城市更加
意识到：通过城市空间的维护，城市在公共卫生方面要承担必要
27 的责任。欧洲人发明了新方法来纪念众多的死者；对于那些被
视为懒惰的人、没有固定住所或无固定工作的人，他们也变得更
加不耐烦，认为这些穷人“不值得”。

在我们所讨论的这一时期之后的几个世纪中，欧洲的形态和人口规模继续变化。13世纪时，条顿骑士团征服利沃尼亚，并且在德语殖民者定居后，波罗的海地区成为欧洲的一部分。公元1453年，奥斯曼帝国征服说希腊语的拜占庭帝国。基督教统治者征服了安达卢斯的大部分地区，在公元1492年格拉纳达陷落时，这一进程也结束了。不同种族和宗教信仰的欧洲人在匈牙利、奥地利和波兰与蒙古人对峙。十字军继续想象征服北非和重新占领圣地的情景；14世纪末，一群人来到加那利群岛，在教宗的祝福下建立了残余统治。在随后的几个世纪里，欧洲人居住在亚历山大、大马士革、君士坦丁堡、喀喇昆仑和耶路撒冷的飞地和贸易站——也就是商馆（*funduqs*）。朝圣者、好奇的学者以及未来的传教士，也沿着贸易路线旅行。到我们讨论的时期结束时，奥斯曼王朝统治着东地中海，而葡萄牙国王则鼓励和资助了向西的非洲海岸探险。一般认为，哥伦布1492年到达“印度”（Indies），这一时期终结。然而，哥伦布的远航似乎更多遵循了欧洲旅行、制图和王室赞助贸易的传统，充满了基督教使命感。

“中”世纪？这种“中间性”的概念还剩下什么？

28 所剩无几。

第二章

人们和他们的生活方式

通常认为，这一时期的人与现代的我们有很大不同。这种看法并无益处。那时就像现在一样，个人的目标是尽可能过上最好的生活，努力维持收支平衡，达到社会的期望，并试着满足自己的一些愿望。在过去，如果赋予人们一定的自主权，甚至赋予他们选择的权利，即使这样的权利再微小，历史学家们也通常会把这样的情况描述为：考虑他们的“**代议权**”。考虑代议权，并不意味着忽视人们无法或几乎无法控制的许多因素，比如饥饿、疾病和暴力等残酷的现实。我们应该认为，过去的人具有自我意识，有能力体验微妙的感觉和复杂的思想。一些学者确认在12世纪出现了“发现个人”，在18世纪家庭情感关系诞生。然而正如我们将看到的，我们的资料——从遗嘱到诗歌，从视觉图像到法庭上的证词——都显示出，即使来自不同的阶级，人们都会表现出我们熟悉的种种情绪：忠诚、嫉妒、贪婪、希望和热烈的爱。

本章将探讨农村定居地和城市中心的家庭与共同体生活的

29 常规模式，包括私人和公共生活。有些活动与亲缘关系有关，另一些则与寻求保护有关。有时人们会努力加入行会或宗教兄弟会，但他们也会寻求比自己更强大、更富有或更专业的人的赞助和指导。

自由，不自由或只部分自由

在这个世界上，个人行动的能力受其法律地位的影响：自由人、奴隶或农奴。罗马法认可自由和奴役的条件，并且直到我们所讨论的这一时期，尽管奴隶制有很大变化，但它一直是欧洲的一项制度。教会法律规定，基督徒不能被奴役，但事实上，有一部分人以奴隶的身份活着。从我们所讨论的时期开始，广大罗马土地上一直存在着本地的奴隶，并且在欧洲东部边境地区的战争中，大批奴隶不断流入，奴隶制也随之存续。*slav*一词，逐渐成为“奴隶”（*slave*，即拉丁语中的*sclavus*）的同义词。公元825年前后，巴黎郊外圣日耳曼德佩修道院院长伊尔米农对1 378户家庭中的7 975人进行了地产调查，所有家庭都拥有私有土地。他们是大家庭，平均每家有5.78位成员。公元1085年至公元1086年间，征服者威廉编纂的《末日审判书》是对英国土地、人口和资源的大调查，写明了英国有多少奴隶——他们占调查人口的10%以上，但在我们的资料中，很快就将见不到奴隶身份的表述了。在加泰罗尼亚和阿拉贡，人们把奴役作为各种政治和性犯罪的惩罚，利用它对抗穆斯林和犹太人。

那些依附性的不自由人如果身怀技能的话，可以通过参军或行政服务实现社会阶层的跃升。在神圣罗马帝国，不自由的附庸骑士（*ministeriales*）不仅拥有地产，还迎娶贵族的女儿；他们统率城堡，继而也拥有自己的法庭。匈牙利的奴隶（*jobbágiones*）可以自由行动，并且接受战争动员，在13世纪与蒙古人作战，在15世纪对抗突厥人。14世纪末，当非洲黑人奴 30
隶被卖到意大利和伊比利亚城市做家政服务时，人们将另一种奴役形式引入欧洲。依照惯例，一段时间后，他们会摆脱奴役地位（被解放），通常继续从事家政服务，或成为工匠、乐师和渔夫。

那些不是奴隶的人也不完全自由，在我们所讨论的时期，一种不同于奴隶制的不自由状态正在发展：这就是农奴制。导致这种奴役的原因很多：由于贫困和债务丧失个人的土地，或因为征服而丧失土地。农奴家庭的户主依附于他与家人耕种的土地，他们的土地保有权包含着重要的义务，这是奴役的标志。农奴与他们的领主分享自己的劳动成果，他们必须按照领主的要求工作，他们的迁徙权也受到限制。农奴经常不得不按照要求，把他们的谷物带到领主的磨坊里磨碎，把他们的葡萄带到领主的酿酒厂。与庄园外的人结婚，他们需要交纳钱才能获得许可；为了保证能将保有权传给继承人，他们还需要献上好的牲口。他们的生活很艰难，我们所讨论的这个时代的作家把他们描述得单纯而粗鲁。在公元930年左右，维罗纳的主教拉瑟给所有情况下的基督徒写下了指导，他建议劳动者："不仅要公正，而且要努力工作，满足于自己的命运，不要欺骗任何人，也不要冒犯任何人。"

农奴家庭的成员也遭受奴役。约公元1060年，一首爱尔兰的讽刺诗体现出对社会底层人士的辱骂。这首诗主要与耕种有关："哦，多姆纳尔，又黑又驼，又粗又老，全是皱纹……你这个像獾一样肮脏的农夫的孙子。”农奴可以通过解放获得自由，或恩惠式给予——比如培养农奴的儿子成为神父而将他释放——或花钱赎买。即使在获得自由之后，不自由的痕迹可能还是挥
31 之不去，正如那些在法国被称为“半自由人”（*colliberti*）的人那样。有时农奴会离开家庭地产，前去参军或在城镇工作，但领主的官员会试图找到这些逃亡者，并将他们押回来，继续耕种土地。在人口增长时期，如12世纪和13世纪，农奴可以与庄园管理者谈判，支付一定费用后搬到城镇。黑死病之后，城市对工人的需求很大，大量年轻男女离开庄园，往往留下需要照顾的老人和年幼者。公元1350年后，农奴制逐渐解体，这意味着农奴的习惯性负担减轻了，但也削弱了领主保障农奴家庭的义务。

作为男人和女人

在社会性世界中，与男女性别有关的习俗具有重大影响。性别态度寻求保护，但也试图控制女性和女性气质，在推崇女性和女性气质的同时又诋毁它，而男性则是一种理想，是上帝形象中的人性状态。这一体系的细节会因为地区、社会环境和时期而有所不同，但在仪式和公开声明中，性别因素随处可见。服装、举止和空间的利用，都显示了社会的性别秩序。出身高贵的法兰克修女们身着多彩的服饰下葬：巴蒂尔德（公元680年去世）穿着一件带黄色流苏的红色斗篷，贝蒂拉（约公元704年去世）穿着一件黄色镶边的棕色外衣。即使在格陵兰岛恶劣的生活条件下，来自公元1200年左右的几件衣服显示，男人穿着深棕色和黑色的衣服，女人的衣服上装饰着色彩对比鲜明的补丁，孩

子们则穿着白色和灰色的衣服。因此，色彩准则不是现代发明。

在世俗法与教会法以及许多社会习俗中，很多假定都认为，女性在精神、道德和体能方面弱于男性。教会教导说，女性和男性都可以期望并争取救赎，但女人的本性更倾向于罪恶。因为 32
女性经常因自己的肉欲天性，尤其因她们的子宫而分心，所以她们更难拥有上帝的礼物——人的理性。这种理性的薄弱意味着，她们不能拥有高于男性的权威地位，不能成为男性的上级。公元1136年左右，克莱尔的奥斯伯特修士甚至告诫虔诚信教的女性巴金的艾达："不要让淫荡的欢笑把你的身份降低到你的性别阶层。征服女性的本能；战胜肉体；克服欲望。"

这些思想已经融入从古代继承下来的伦理和科学体系中，根据这一体系，每个人栖居的肉体同时也是灵魂的家园。人是由物质和精神结合而产生的，每个人都是独特的体液混合体，因此每个人都有其独特的性格：脾气暴躁，大多是体热；乐观积极，大多是体潮；冷静镇定，大多是体凉；郁郁寡欢，大多是体干。人们将自然的身体状况理解为不断变化的网络，并且任何时刻的平衡都受到行星运动的影响，但同时也受到个人饮食和养生习惯的影响。在体热时，男性会精力旺盛，因此教会人士试图通过吃凉的东西（如蔬菜）和避免食用香料的方式，来减轻会使他们分心的男子气概和性欲。身体更凉的男人胡须更细，睾丸更小；他们更像女人。相反，那些试图变得更"阳刚"、放弃女性气质的女人，可能会寻找热源，补偿她们天然的湿冷特质。一本写给虔诚信教的女性锡耶纳的凯瑟琳（1347—1380）的精神指南，描述了她在公共浴场中寻找含硫量最高的最热水流的故事。

家庭和婚姻

大多数人的工作和休闲局限于家庭的范围内。在城镇和乡
33 村，家庭都是一个工作单元。在农民的土地上或工匠的作坊里，男人、女人和孩子们一起工作。家庭不仅包括近亲，还包括依附的人，如贫困亲属、仆人、学徒，甚至穷人。男性户主会管理整个家庭，当他不在时，他的妻子有时会代为管理。

婚姻是最普遍，也是最有争议的社会制度。罗马法将婚姻定义为契约，而日耳曼习俗赋予婚姻家族事业的性质，即家庭之间通过年轻人结成联盟；除了婚姻，它还承认其他约束力较弱的联盟。在这些传统之外，还有基督教的性道德，它试图将婚姻变成有道德的基督徒生活的框架。像北非希波主教奥古斯丁（354—430）这样的基督教思想家，与基督教徒大众展开了激烈斗争，于是讨论便开始了。他首先使用了神学的方式，探索婚姻能否补救罪恶。尽管一些思想家继续坚持认为，婚姻生活比不上英雄般贞洁的生活，但奥古斯丁开创了理解基督教婚姻的先河。

作用于男性和女性的社会习俗和迫切要求既复杂又多样。这种多样性基于对身份的理解，而这种身份则根植于性别差异之中。它指导男人承担责任，照顾妻子、女儿和姐妹，还允许他们控制女性的财产，指导她们的生活。男人习惯性地使用暴力维护权威，即便男人对失去伴侣深表悲痛时，依然如此。加洛林王朝的学者和朝臣埃因哈德说，他“在每一天的每次活动和事务中”，都想念他的妻子伊玛（公元835年去世）。他的朋友费里埃的卢普斯来信安慰他，称赞她“虽然在身体上只是个女人，但在精

神上却达到了男人的地位”。英格兰国王理查二世（1367—1400）在他的余生中，甚至在他再婚后，都为失去妻子而哀悼。 34

基督教的观念认为，婚姻应该是神圣的一夫一妻制，以生育为目的且维持终身，在12世纪，人们将这一观念完整地编入法典。通过教会法，基督教婚姻广泛传播，它似乎是一种侵犯性的创新，直到几个世纪之后，才为欧洲人所接受。这种婚姻观由教会传播，由激进的教宗领导——其中许多人都受过法律培训。它试图将家庭、后代、继承、性等生活中最私人和最重要的方面，纳入基督教伦理和法律领域。它将婚姻视为一种个人道德行为，制定相应的法律，并提供宗教指导，让俗人和神职人员同样了解情况。当婚姻成为圣礼时，任何与之相关的侵权行为，都被视为教会法庭的事务，并由神父和主教管理。

圣礼婚姻是一种不可逆转的仪式，将恩典传递给两个自愿结合的伴侣。教会法专家——教会法学家——曾探讨过各种可能。最低结婚年龄是多少？仅仅表达结婚的意愿，有多大的约束力？持不同意见的亲属可以推翻基督教婚姻吗？一个已婚的人能离开家庭，去追求修道生活中更高尚的美德吗？如果在婚姻中从未完成性交怎么办？这些问题成了法律争论和生活剧的素材；在教会法庭上，证人详细描述他们的失望和悲伤。这些法庭也接受妇女的证词，因此法庭记录下她们谈论心碎、失信、性羞辱等的内容。

教会的目标是推动伴侣关系符合《圣经》对近亲婚姻的解释。宗教顾问试图推动统治者向基督教性道德的方向前进，但他们也明白，这样的尝试存在局限性。教宗格列高利一世批准前往英格兰南部坎特伯雷传教的奥古斯丁（公元604年去世）在

35 合法婚姻伴侣问题上，对最近皈依的英国人进行宽大处理。查理大帝热心推广基督教知识，但他也有许多妻子和复杂的亲子关系网。据说，他还和妹妹吉斯拉（757—810）乱伦，而吉斯拉后来成为切勒斯女修道院的院长。近亲婚姻的范围不断变化。在洗礼时，教父和教母成为新的精神亲属，因此他们的近亲也纳入禁止结婚的亲属圈子。到了12世纪，教会法律只允许7亲等[①]以外的人结婚。人们很难接受这样的限制。到了公元1215年，教会放宽了范围，将禁止结婚的亲属关系改为4亲等；但即便如此，在狭小的乡村共同体或包括皇室在内的精英婚姻圈内，这项规定也很难执行。近亲婚姻的观念依然有很大的吸引力。在供忏悔者使用的手册中，有对神父的指示，他们应该直接询问堂区居民，并且布道时也应该宣讲这个问题。文学作品也探讨了近亲乱伦。比如公元1200年左右，哈特曼·冯·奥厄（约1165—约1215）创作的德国诗篇《格列高利》中描述的那位圣徒正是近亲结合的产物。

到了13世纪，基督教婚姻被广泛传播，因此几个世纪以来，它逐渐成为公认的婚姻模式。除了在家庭和社区内举行的传统订婚和结婚仪式之外，现在又增加了教堂仪式。在教堂门口，总是有祝福；孩子出生时，洗礼将家庭和教会更紧密地联系起来。此外还有关于母亲的仪式——一种净化的形式，让她们在经历了分娩的折磨和污染后，重新融入社区。尽管基督教婚姻有种种独特之处，但在布道中，马利亚和约瑟的生活被视为理想的婚姻。

① 亲等是法律上衡量亲属亲疏远近的尺度。按照出生次数为标准计算亲等，一代（一世）为1亲等。——译者注

基督教婚姻促进了结合与互补的理想状态。男女有别，但他们可以互相帮助，一起过基督徒的生活。一般认为，婚姻中夫妻之间的性行为是共同义务，是一种婚姻契约。在布道中，妇女们被教导有义务克服因疾病、个人厌恶、斋戒限制或月经而产生的对性接触的顾虑，回应丈夫的欲望。在15世纪，出现了一种 36
有影响力的声音，反对这种“契约”的暴政。锡耶纳的贝尔纳迪诺（1380—1444）是托斯卡纳方济各会的传教士，他在听取女性忏悔的过程中，领悟到女性的困境，教导丈夫有权进行指导和纠正，而妻子有义务服从、尊重和规劝。但他也强烈谴责强迫的性行为，认为这违背了感情义务。贝尔纳迪诺的布道重述了一千年前奥古斯丁的讲话要旨，并附上托斯卡纳式的转换：婚姻是为了抑制欲望，因此不应该延迟，以免男人习惯于同性性交，而这正是一种很难改变的“陋习”。

父母和神父都鼓励年轻人以家庭为单位生活。无论他们青年时有过什么样的性经历，而这些通常都发生在培训和工作的同性环境中，大多数人都会结婚。许多人甚至会再婚，并因此产生了多代家庭，以及复杂的继承和情感网。在我们所讨论的时代末期，宗教形象和叙述成为社会现实。由马利亚、约瑟和孩子耶稣组成的神圣家族，是复杂亲属关系网中的代表，马利亚的母亲安妮溺爱她的孙子孙女们，而这正是她连续三次婚姻带来的结果。德意志的堂区教堂用雕塑群的方式演绎了这个家庭：两位神圣的妇女和孩子耶稣站在最前面，安妮的其他女儿和他们的孩子（也就是基督的表兄弟姐妹）站在他们周围，后面是四个男人：约瑟和安妮的三个丈夫（图4）。从这样的形象中，男女老少都能看到自己的家庭关系。

图4　约公元1485年，德国堂区的一座彩绘雕塑，描绘了一个妇女和她前面儿童组成的家庭：《童年基督的神圣亲属》

如果婚姻中的性行为是为了生儿育女，那么任何对性交的妨碍，将会导致婚姻无效；如果婚姻是一场自由进入的圣礼，那
37 么任何强迫的迹象同样可能导致“强迫”婚姻无效。从许多不同类型的信息中，我们都能明显感受到有关建立家庭能力的焦虑。人们求助于魔法、药物、祈祷和朝圣，希望能有孩子。

家　庭

伴随着婚姻，一个家庭诞生了，大多数欧洲人在婚后建立了
新的家庭。在家庭的农田中或在作坊里，家庭是工作单位。骑 38
士和贵族家族以家族事业的方式经营地产，比如城堡、筑城防御的庄园，或像很多意大利家族那样——城市中的豪宅。这些家庭的代表是男性户主，负责法律、金融、政治和公民仪式，而妇女、学徒、马夫和仆人协助管理。

王室和贵族宫廷既是一个扩展的家庭与家族，也是官僚和政治事业的总部。在此前的几个世纪里，王室宫廷几乎总是在流动。法兰克人的墨洛温诸王往返于他们的庄园之间，身边有廷臣环绕，他们的土地和农奴的生产与劳动供养他们，教会有义务向他们的恩主提供服务。其中一位廷臣查理·马特（约688—741）掌握了最重要的职位——宫相（*maior domus*），即王室的首席管家，拥有相当大的权力和影响力，以至于在他死后，他的儿子丕平和卡洛曼成为法兰克王国的国王。丕平的儿子查理大帝在亚琛建都，建起了最宏伟的王宫。围绕在主教身边并为大教堂增添活力的神父和侍从群体被称为“类家庭”（*familia*），即一个类似家庭的整体，它为独身的成员提供支持和照顾，而这通常由生物学意义上的家庭提供。

对任何家庭的福祉来说，妇女的工作都至关重要，并且体现在各个领域。圣杰拉德是一位殉道主教，在匈牙利语中名为盖莱尔特（980—1046），《圣杰拉德传》描述了这位主教在旅行中听到磨石声，并伴随着女人的声音。他的旅伴解释说，女人转动磨坊碾磨谷物，还唱着“甜美快乐的歌”。13世纪英格兰的验尸

官记录显示，妇女会在农业劳动过程中遭遇事故，比如在田地与
39 谷仓，以及在使用沉重和锋利的金属工具时。

妇女的工作包括在家中、作坊和田地里劳作与协调，她们还接受其他妇女的非正式培训。到处可见妇女收集和准备食物，照料家畜，制作纺织品。罗斯基勒附近的丹麦基尔克鲁普教堂的一幅壁画（约1330年）显示，一名妇女一边纺纱，一边用臀部平衡两个襁褓中的孩子（图5）。纺织和缝纫服装需要使用专用工具。格陵兰岛13世纪的发现物就包括了针、剪刀、接缝平滑器和织机的砝码。在将羊毛和动物毛织成纱线的过程中，要用地衣和菘蓝等天然染料染色，甚至把纱线置入富含铁的水中浸泡成棕色，这些都需要用到大量的专业知识。

图5　约公元1330年，丹麦基尔克鲁普教堂的一幅壁画，描绘了一位母亲忙着纺纱，她身上绑着两个襁褓中的婴儿。它位于“逐出伊甸园”附近，将辛劳与夏娃的罪恶联系在一起

在城市里，妇女参加家庭手工作坊，通常在“前店”工作，
在一楼商店销售制成品。在公证人、医生和商人的家庭中，女儿 40
们学会了读、写和计算，这是在自己的家庭中为成年生活做有益的准备。妇女们出售自制商品，并经常处理家庭生意的副产品，比如把牛油制成蜡烛。在我们所说的时代的后期，妇女通常以群体的方式工作，在家里从事纺织制造业，而且她们还为社会提供越来越多的家仆，黑死病之后，对用人的需求量很大。妇女们兜售廉价商品，出售预先烹饪的食物，因为拥有私人厨房是富裕城镇居民的特权。当地的法律框架决定了我们如何认识这些妇女：公元1344年，埃塞克斯英盖特斯通的一位酿酒者被指控提供未达标的啤酒，她的丈夫代表她出庭，并支付了罚款；但在马赛，公元1403年犹太助产士阿易斯的弗洛丽塔独自面对医疗事故诉讼。

历史学家曾认为，对儿童的情感爱护是启蒙运动的发明。这是完全错误的。家庭是培养和照顾青少年的中心。从农民到贵族精英，所有社会群体都制定了一套培养青少年的方法，让他们拥有健康的身体，过上有意义的生活。即使是最低微的家庭也会前往圣殿，为他们的孩子乞求治疗。在法兰克墓葬中，与儿童一起下葬的物品包括适合儿童的武器和玩具。在父权社会中，复杂的压力和激励机制支配着人们对青少年的态度，在很多情况下，年长者比年轻人享有更多特权，儿子比女儿享有更多特权，近亲比远亲享有更多特权。人们期望妇女养育儿童，并且随着基督教行为准则在欧洲的传播和进一步确立，母亲和女性亲属作为第一批教育者的作用也得到了加强。人们在家庭里用母语教授诗篇、信经、广泛使用的祈祷词《圣母颂》和《天主颂》，

41 以及有启发性的宗教故事，并将它们融入家庭生活。

为保证年轻人的未来，必须做出艰难的决定。到了10世纪，欧洲大部分地区——英格兰、法国、神圣罗马帝国的部分地区——的大多数地主家庭都承认继承自父亲的土地为遗产，可以传给继承人。在这一时期，遗产为家族提供了族姓，也出现了一些固定的姓氏（*cognomina*），比如德·库西或德·布伊隆。年幼的儿子们分得的土地可能是新近获得的，对家族的威望没有那么重要。在一个极端的例子中，征服者威廉的长子罗贝尔·柯索斯于公元1087年继承了家族遗产诺曼底，而他的弟弟即未来的亨利一世，继承了最近获得的英格兰王国。

一个家族的姓氏和土地的理想继承人是成年男性，但这通常也存在着不确定性。在这种情况下，女性会成为男性的统治者，担任重要职位，手握重权。当英格兰的亨利一世准备安排王位继承时，他只有一个私生子，因此他努力为他的女儿玛蒂尔达（1102—1167）争取继承权。他试图用宣誓约束王国的权贵们，让他们接受玛蒂尔达为继承人，从而确保王朝和政治的连续性。然而事到临头，却并没有奏效。英国贵族更喜欢一个出身稍低的人，他很有名望，受人喜爱，曾经受战争考验：布卢瓦的斯蒂芬。很快，英国陷入多年的纷争之中。在13世纪，欧洲一些最伟大王朝的君主如佛兰德的伯爵们，成功让他们的女儿成为继承人。在城市里，管理家庭作坊的行会章程允许行会成员的遗孀经营作坊，直到她们的儿子（继承人）成年。

长子继承权，即由最年长的儿子继承的制度，不仅盛行于地主之中，也经常出现在较为低微的家庭：即在整个欧洲的城镇中，继承农奴土地或手工作坊。一些地区仍保留着可分割继承权，比如肯特的部分地区，13世纪的威尔士和法国南部地区，但也面临着这一制度带来的挑战：将土地分割给几位继承人，总是 42
意味着在一两代人的时间内一份足以保证生计的土地会变成几块碎片，几乎无法支撑任何一位土地所有者的生活。为了年轻人的利益，大多数家庭结合了几种策略：有利可图的婚姻，手艺培训，移民，土地垦荒，以及获得新租约，为从事法律职业、充当神职人员、担任大家族、城市或皇室的官员做准备的职业培训。至于女儿，家长为她们准备了嫁妆，目的是吸引一个好丈夫，而嫁妆是她们分享家庭财富的一种方式。

乡村定居点

大多数人都居住在乡村定居点，并且他们有多种生活方式。在英格兰南部、法国北部和波美拉尼亚，有人口稠密的核心村庄，那里的村民们生活在耕地周围。一些村庄的中心是一片公共空间，如围着一口井的一片绿地或一个广场，有时临近当地的教堂。沿海的欧洲渔村有一些共同的特点。无论是挪威、爱尔兰还是西西里岛的渔村，它们周围经常环绕着沼泽和盐田；这些村庄也经常出现性别比例失衡现象，女性数量过剩。一些村庄周围有防御性的围墙，另一些则包括小村庄——分散而孤立的邻近农场。乡村定居点的布局反映了景观、居民的工作和生计，以及最初迁居时的环境。

人们普遍认为，乡村定居点是永恒不变的历史特征，但现实更为复杂和有趣。虽然南欧的一些定居点确实非常古老，但移民、劫掠、季节性移牧和征服，都导致了乡村生活的变化。想想 43
北欧最朴素居住区的木质建筑：6世纪和7世纪居住在这里的人

们定期利用他们的牲畜运输木材，放弃腐烂的木质房屋，去其他地方定居。在阿尔卑斯山地区，村民生活的特点就是流动，其中一部分居民每年都要离开村庄几个月，为应对恶劣天气去寻找牧场与某种保护。从13世纪开始，在卡斯蒂利亚的数百个村庄中，大量羊群季节性地往返于牧场。每次季节性移牧都会改变这些共同体的状况，影响达数月之久：随着近300万只羊从北向南迁移，人也和牲畜一样迁移。结果是他们的迁移路线——溪流（*cañadas*）——沿途的城镇和城市人口同时激增。

乡村定居点通常集中在庄园周围，这些庄园由教会人士或显贵所有。在伊比利亚半岛，即使在穆斯林统治者的统治下，罗马式庄园依然存在，发挥着经济单元和家庭住宅的作用。虽然粮食生产处于核心地位，但也饲养猪和羊，还有利用羊毛和亚麻等当地原材料的手工业。到了公元1000年时，这些定居点成为设防的领主住所的核心，并由当地贵族即领主（*seigneur*）加以强化。建筑城堡的目的是确保安全和显示权威。设防的共同体意味着在战争时期，可以成为居住在相邻土地上居民的避难所。锡耶纳北部的蒙特里吉奥尼一直地处佛罗伦萨和锡耶纳的边界；它的周围是一组名叫“皇冠”的高塔，其中14座保存至今，每当这两座城市发生冲突时，它都会为周围低地地区的农民提供避难所。

到了公元1000年时，贵族与附庸，以及庄园领主与农奴之间的关系，为政治和军事组织以及经济发展提供了基础。领主权关系和保有权关系决定了大多数欧洲人的生活，无论是最有权势的人还是最卑微的人，都是如此。在这些土地财富和自然资源配置的基础上，形成了一整套文化和个人价值观：忠诚、骑士精神、正义、慷慨、公共责任等等。

在欧洲的大部分地区，乡村共同体存在于一种土地保有制度中，自17世纪以来，人们将这种制度称为“封建”制度。这个术语经常被用来描述一种土地制度，人们按照在多层等级系统中的地位占有土地：每个附庸都从领主那里获得土地，作为回报，附庸向领主效忠和提供建议。领主和附庸通过一项仪式结成关系，在仪式中，附庸表示忠诚并用吻封缄。在这一关系中持有的地产可能包括一片或多片土地的组合；在最高等级中，它相当于一个郡、公国，甚至一个王国，包括其中的人口、资源和相关司法权。从赫布里底群岛到匈牙利，从托斯卡纳到挪威，随处可见这种关系，但其历史和表现形式极为多样，远远超出单一的“主义”一词所传达的内容。这就是为什么现在历史学家们限定“封建主义”一词的使用，或者干脆不用。

历史学家马克·布洛赫曾经说过，每一块土地都可以被几个人称为“我的”土地：耕种土地的人，从地位更高的领主那里领持土地的人，地位更高的领主，以及将土地授予这位地位更高领主的国王。有些土地从未成为封地，而是在领主官员的监督下耕种，这位官员一般是执行官，他负责监督雇工和农奴的工作。这些执行吏——管事（*sirvents*）或管家（*sergents*）——管理着庄园，用地方习语和农民交流，并把他们传唤到庄园法庭，指控他们侵权；在乡村共同体中，这个群体一直不受欢迎。

农奴不仅要向领主提供他们种植的庄稼和饲养的动物，而且还为领主劳动，提供工作时间。这通常是在播种或收获时，以农业劳动的形式进行，而这时也正是农奴需要急切关注自己收成的时候。每当看到城堡或防御工事时，我们都想知道，一千年前的人们是利用什么技术建造它们的。我们必须记住，领主可以从无地的人那里获得大量廉价劳动力，也可以从农奴那里获得劳动力。领主也可能强迫劳工提供其他劳动，如搬运、采石、采矿等。

政治变革影响了乡村共同体的生活节奏。诺曼征服占领英格兰后，四处修建城堡，不仅在一次性迁来几十个居民的城市中心修筑城堡，也在如威尔士边界等战略要地修筑城堡，城堡先是用木头后来用石头建造。当人们看到这些雄伟的建筑时，显然在建造的过程中少不了劳动力和资源的有效组织。掌管大片庄园和大量依附农奴的领主可以募得所需劳动力，得到建筑所需的木材，并可以将其庄园收入的一部分用于建筑。300年前，默西亚国王奥法（757—796年在位）正是在这里修建了一道由土方工程支撑的堤坝。赫布里底群岛渔村的考古遗迹反映了征服对经济生活的影响：在10世纪挪威建立其影响力并最终称霸之前，无论在贝冢还是在正处理的沉积物中，都发现了大量的鱼骨；后来在这里发现的鳕鱼和无须鳕的数量明显增多。岛上居民的捕鱼习惯受到挪威统治的影响，由于挪威的鱼类产量，他们成为欧洲鱼干贸易的领导者。在这一时期，以窑为形式的谷物干燥技术显然已经被引入赫布里底群岛，同样黑燕麦和黑麦也传入该地，这表明向更集约化的耕作发展。这种经济上的结合或许可以解释从挪威引进亚麻带来的新的重要性，亚麻油对木材处理很有帮助，在造船过程中必不可少。

一般而言，修道院在其已有基础上获得地产，并且几个世纪
46 以来，他们从赞助人那里得到了更多土地，作为替赞助人祈祷的交换。他们充当集体的“领主”并管理土地，这往往效率很高。

由于修道院的资产能够积累几个世纪，不受兄弟姐妹纷争和嫁妆的影响，他们积累了可观的财富，因此投资了大量项目：建桥、抽干沼泽地、清理林地，以及修建美观的建筑。事实上，修道院在乡村巍然屹立，但他们的教堂往往是村民几十年劳动——采石、准备木材、建筑和雕刻——的产物。

每个地区的粮食安全都受到天气、安全和疾病等因素的影响。土地所有者的账目记录有他们在需要时提供的用于食用和播种的粮食，从中也可以窥见饥饿的威胁。匮乏产生了对富足的幻想，就像诗中偶尔想象的"安乐乡"：在这个地方，下着肉丸和煎饼雨，烤鸡直接飞进饥饿者嘴里。当地人还不顾官方反对，举办仪式和专业魔法，以避免暴风雨或让生命之雨降临。

乡村定居点即村庄，是家庭内和邻里间团结的重要场所。在欧洲基督教化的过程中，大多数村庄也变成了宗教单元。村庄生产食物，并向教会缴纳什一税，即十分之一的收成或收入归教会；对于那些有孩子需要受洗、有死者需要埋葬的家庭来说，村庄也是他们的家园。与此同时，那些拥有地产并管理其他人的群体——骑士和贵族地主——更积极地与教会、教会法和教会规范建立密切的关系，并试图把这些传播到自己的地产之上。在一个邻里之间依赖程度相当深的地方，声誉至关重要。乡村共同体对待诽谤的态度十分严肃，正如一句爱尔兰谚语所说，"明智的人都不该怀疑，言语能伤人流血"，诽谤成了一种罪行，会作为一种反仁爱的罪行受到教会法的惩罚。 47

公元1026年左右，修士编年史家拉杜尔夫·格拉贝（985—1047）将11世纪的教堂建筑浪潮描述为"教堂的白色斗篷"，反映了土地所有者们试图用石头建造经久耐用的礼拜场所。

领主还任命神父，但在11世纪这一权利遭到教宗的强烈反对。生命周期和季节交织在一起融入基督教仪式，使乡村定居点成为一个充满重叠关系和意义的社会框架。

图6　帕尔马洗礼堂第十一龛的画师绘制的壁画《七件善事》(约1370—1380)："给口渴的人水喝"既表现了渴望，也表现了受赠者的感激之情

集体劳作和礼拜的经历加强了合作的纽带，在共同体的成员经常生存艰难时，乡村共同体都需要这种纽带。竞争与协作并存。在青年和长者之间，勤劳者和多少有些富裕的闲散者之间，到处都有家庭内或家庭间关系紧张的事例。在村庄中，也有等级制度：拥有或占有土地的人与没有土地的人，身为土地租户的男子和依靠男性亲属的妇女。在宗教教育的鼓励下，村庄里还有慈善和分享（图6）。

城 市

尽管中世纪欧洲的大多数人都在土地上劳作，但仍有相当一部分人从事制造业和贸易，专心学业以及在城市中心提供教育和宗教服务。城镇是农产品、牲畜和原材料的销售和分销中心。市场决定着一个城镇的商业能力，同时在大多数欧洲城市，大教堂矗立在市场中。在弗赖堡，圣母教堂仍然位于市场中，而在剑桥，圣母大教堂就坐落于市场的边缘。

城市是中世纪欧洲生活的中心。罗马的遗产意味着，像位于美因河和莱茵河交汇处的莫贡塔鲁姆市，能够保留下来并演变为一个重要的中世纪城市——美因茨。该城的主教们利用葡萄种植培育出一种充满活力的经济，并在8世纪领导了对萨克森人的战争以及之后的传教活动。在政治现实需要的地方，就 49
会建立起新的城市。公元805年，查理大帝征服萨克森人，并强迫他们皈依，之后建立了下萨克森的马格德堡。后来，它成为奥托帝国的东部前哨而繁荣起来。从马格德堡开始，圣阿达尔伯特（公元981年去世）开始努力改变马扎尔人的信仰。在11世纪早期，该地的重要经济意义得到承认，被授予建立市场的权利。它的地位已经得到提升，成为大主教区，是一个大教省的中心。

公元1000年后，随着经济活动的发展，人们也加强了一系列措施，制定这些措施的目的是确保旅行和交流的安全。领主们保障行旅的自由，维护桥梁和道路，作为回报他们征收通行费。在意大利，地方领主和城市之间的这些共同利益确定下来，并形成一种共同治理的形式——公社。在11世纪和12世纪的公社中，这些利益结合在一起，形成了热那亚、帕尔马和维罗纳等政治实体。这些城市捍卫他们的自由，特别是有关对他们的上级领主神圣罗马皇帝的义务方面。

在整个欧洲，新的城镇和城市都是由富有进取心的统治者、主教和修道院院长创建的。在卡斯蒂利亚和阿拉贡，颁布了王室特许状（*fueros*），旨在鼓励人们前往那些刚从穆斯林统治者手里夺回来的城市定居。公元1187年，昆卡宪章欢迎“任何可能来这里居住的人……无论是基督教徒、摩尔人还是犹太人，自由人还是奴隶”。在12世纪和13世纪早期，法国国王也鼓励城市的发展，并推动了规模盛大的香槟集市。12世纪，英格兰国王授予数十个市镇自治的地位。13世纪，条顿骑士团征服利沃尼亚后，他们同样鼓励城市生活。但统治者很少完全放弃他们的权
50 利，继续索取城市岁入或支付给军队的钱款。

城市的管理者们试图创造出一个有利于贸易的环境。进口的商品需要纳税，因此一个安全卫生的城市更有可能吸引商人。来访的商人在城镇中消费，在住宿、饮食和娱乐上花费大笔金钱。城市委员会监管食品和酒的价格，向性工作者发放许可证并对其进行监督，并在入口处派人守卫。商人们离开了血缘和

地方共同体，因此国际协定试图保护他们。公元1264年，挪威国王马格努斯·哈康松致函汉堡市，向该市保证，尽管一些汉堡商人在挪威进行贸易时遭到谋杀指控，但这些商人能够得到12名男子的宣誓，从而证明自己无罪，因此他将汉堡商人们释放。一切都很好。

13世纪，神圣罗马帝国皇帝创立了一种新的城市地位——帝国城市（*Reichsstadt*），如雷根斯堡、汉堡或不来梅。帝国官员不再管理城市事务，这些事务被转交给地方委员会，而地方委员会通常由大商人主导。现在这种城市有义务每年缴纳大笔款项，以获得管理事务、修缮城墙、武装民兵，以及管理行会和市场的权利。帝国城市和神圣罗马帝国皇帝之间在以下问题上也存在冲突：有关犹太人的待遇、城市和皇帝敌人之间的政治联盟，以及关于帝国金库的财政贡献水平。

城市中心繁荣又多元化，并且鼓励创新。共和国政府催生了管理和战略规划，其中富商最重要，有时也包括小商人和工匠。城市委员会的规模大小不等，很小的委员会只有七八名成员，像威尼斯那样的大委员会有数百人。通常情况下，人们在公共事业中投入的时间是没有报酬的，但是可以从城市的金库中
获得娱乐和旅行的费用。城市政府必须容纳许多创造财富的 51
人，还需要保护其最富有和最有声望成员的志向。在富商（通常与贵族一起）和行会成员之间，争夺代表权的斗争持续不断。劳动者和妇女没有官方的发声代表。

13世纪的城市经历了金融服务业爆炸式的发展。到了公元1300年，银行家们建立了银行家王朝，在欧洲主要城市都设立了分行。他们到处旅行，并在国外获得了影响力，同时他们

的财富使得他们在自己出生的城市雄心勃勃。仅伦敦一地，就至少有十个意大利银行家族的代理人，他们的金融支持承担了英格兰王室军事冒险行动的风险。意大利和佛兰德城市的豪宅显示了商人和银行业的财富。血缘忠诚和商业敏锐结合起来，创造了强大的商业家族。这一时期最著名的长途旅行商人是威尼斯人马可·波罗（1254—1324），他与他的父亲尼科洛和叔叔马泰奥一同前往中国宫廷。这是一种学徒式的旅行，家庭通过这种方式训练年轻人，帮助他们掌握商业秘密。在这个特别的例子中，旅行持续了24年，马可·波罗将他的经历记录了下来。

锡耶纳的故事记录了一座城市生活中的所有抱负和挫折。13世纪，锡耶纳从一片种植葡萄、谷物和养殖绵羊的广阔腹地中崛起，成为银行和贸易中心。锡耶纳早熟的纺织业和银行业迅速跟进：羊毛变成了细布，周围矿山的金属变成了精加工的武器和工具。该地的商人和银行家提供资助，并掌管转运羊群的收入，这种运输是季节性的，从内陆运到海岸销售。公元1260年，当锡耶纳在蒙塔佩尔蒂战役中战胜佛罗伦萨及其盟友时，它进入了由经济增长推动的自治时期。锡耶纳人重修并扩建了大教
52 堂，修建了市政厅，并用宗教画像和雕塑装饰城市。

锡耶纳位于连接北欧人和罗马的法兰奇纳古道（*via francigena*）上。锡耶纳的商业和慈善机构，如现在仍然在大教堂对面的阶梯圣母医院，为这些行旅提供食物、住宿和照顾。大教堂最初是献给当地的圣徒安萨努斯、萨维努斯、克雷申蒂厄斯和维克托的，但到了12世纪，它被献给了所有圣徒中最受爱戴的童贞圣母。

从13世纪末开始，锡耶纳艺术家因其独特的风格而备受推崇。受到数百年来拜占庭艺术——这种艺术有金色背景、哀伤而静止的圣母像和令人生畏的十字架殉难像——的影响，像杜乔·迪·博宁塞尼亚（公元1319年去世）这样的艺术家改进了绘画传统。杜乔创造了一种风格，它响应了锡耶纳的公民宗教，响应了方济各会修士的情感奉献，创造了一种独特的托斯卡纳风格。

这一时期，群体团结和竞争的结合，活跃了锡耶纳人的生活。该城的市民们一年到头都在为夏季全城赛马做准备，而在八月的圣母升天节将会举行最盛大的赛马会（*palio*）。沿着主干道有几座宏伟的宫殿，它们是萨拉切尼、皮科洛米尼和奇吉等富裕家族的住所。这些家族都参与了欧洲范围内的事务，但他们也通过亲属关系和赞助网络以及大量的展示行动来培养地方认同。近一个世纪以来，这座城市都是由九人组成的委员会治理。该委员会每年会公开详细的账目文件，甚至偶尔邀请该地区的教会人士担任审计员。

锡耶纳的公共空间有助于我们了解布道是如何影响城市生活的。锡耶纳的墙壁和门口仍然有耶稣人类救主的标志（*Ihesus*），这个标志由锡耶纳神父贝尔纳迪诺创造，我们在前面已经提到过他充满激情的布道。他的虔诚不是对圣徒的虔诚，而是对耶稣的虔诚。锡耶纳城市委员会任命贝尔纳迪诺宣传道德改革，尤其是在超级富裕的公民中。他用讽刺、幽默和恐怖的形象，猛烈抨击赌博、宴会、新娘嫁妆、同性恋和巫术。直到今天，我们仍然能够看见他的讲坛，烈日下的白色大理石和他的话语一样热烈。 53

协会、行会和“共和国”

正如锡耶纳的例子所示，城市中形成了相互竞争的政治和社会交往形式。尽管最富有者和最贫穷者之间的差距很大，但城市还是有大量的合作。制造过程和社会关系需要合作：布料的生产涉及几个连续且不同的工艺；邻居们联合起来提高生活质量，确保生命和身体的安全。在维护教堂和城墙以及为此征收税款的过程中，人们共同承担责任，其中必然有大量的合作、审查和讨论，这也成为城市生活的特征。

除了王权认可的社会等级制度和欧洲土地精英的贵族文化之外，另一种传统也在发展，即社团制或协商制，有时被称为共和制。古罗马的实践模式、自由的概念、公共辩论的传统以及罗马法，都推动了这一进程。拉丁语中的“行会”（*universitas*）正是现代“大学”（university）一词的来源，它描述的是具有共同目标的个体组成的联合实体。

“行会”是由若干成员组成的联合体，必须行动一致。比如，一个城市的工匠或商人联合起来，建立促进经济和政治目的的手工业行会，就是很好的例子。作为一个行会，他们努力就原材料——纺织工人的羊毛、木匠的木材、屠夫的牲畜等——的价格进行谈判，寻求城市委员会对行会的政策支持；或者同意他们的
54 产品或商品的价格。行会还可以根据学徒期的长短和性质，以及通过对会员工作质量的控制，来确定会员资格标准。行会成员也通过秘密宣誓和效忠受到约束。

如果每个工匠和小商人都因为加入这个联合体而实力增强，那么他们必须相应地遵守其规则，支付会费，并尊重其设定

的或者更确切地说是固定的价格。精心设计的仪式约束着行会成员和他们的家人，也约束了因为某一特定工艺位于同一条街道上而形成的街区。许多欧洲街道仍然以他们的名字命名：“铁匠街”或“鞋匠街”见证了那里曾经的社会、宗教和专业合作的生活。行会成员有结为儿女亲家的习惯，从而确保职业传承的连续性以及家庭的利益。行会有自己的守护神，画家的守护神是圣路加，面包师的守护神是圣奥诺雷，金匠的守护神是圣埃利吉乌斯，有时成员们会为守护神修建小礼拜堂，并在其中庆祝守护神的节日。在这样的场合下，宗教仪式和社会愿望结合在一起，同样行会成员的葬礼也是如此，因此所有行会成员都应该参加其他人的葬礼。行会对城市生活至关重要，其成员对城市财政的贡献也至关重要，因此在许多城市，每个行会都有代表加入城市委员会，行会成为政治代表的基础。

社团存在的模式服务于许多不同的目的。14世纪，萨嫩阿尔卑斯河谷（位于现代伯尔尼州）的居民联合起来，谈判赎买他们的自由，并在随后的几十年中，共同管理他们的事务。公元1390年，在卢塞恩湖畔的格尔绍建立了一个小共和国，男性户主协商管理地方事务。除了地方之外，政治实体偶尔也会在广阔的领土上分享共同利益，并创建以“联合”（*Liga*）为名的联合体。为了在政治和军事上抵抗神圣罗马皇帝及其盟友，意大利 55
城市伦巴第联盟于是建立起来。它在公元1167年由北方城市联合体发展而来，后来逐步包括来自意大利中部的城市：维罗纳、维琴察、布雷西亚、米兰、博洛尼亚、韦尔切利等。在20世纪90年代，意大利北方联盟党受到联盟历史的启发，在意大利联邦政府内寻求区域自治。

在帝国的其他地区，联合体的特点是它既属于城市的范围，也属于贵族的领域。有一些城市联盟，如公元1331年创建的士瓦本联盟，它作为一个享有皇帝授予自由特权的联盟，是对抗敌人的堡垒。奥格斯堡、乌尔姆和海尔布隆等城市联合起来组建军队，并作为一个团体进行谈判。这种协调一致的工作需要一个高效率的官僚机构，它有权向市民征税，并有权代表加入的城市开展外交活动甚至交战。大约在公元1307年，瑞士城市的宣誓协会（其中包括伯尔尼、弗里堡和卢塞恩）加入了一个乡村政治团体，创建了瑞士州联盟，该联盟持续发展至15世纪。

后来，进一步联合北方各地的意向越来越明显。一个强大的贸易协会将北方和波罗的海地区的城市聚集在一起：这就是汉萨同盟。它最初是一个商人协会，从公元1356年开始，发展成一个由100多个城市组成的联盟，由吕贝克、维斯比、卑尔根、赫尔这些伟大的港口城市领导，但也包括德国内陆深处的河港和佛兰德。联盟授予汉萨商人权利，这一权利在所有成员城市中都有效。它建立了军队，并迫使君主——如公元1370年的丹麦国王——允许商人自由通行。在14世纪后期，汉萨商人投资于打击海盗的海上行动，并与英格兰国王进行了卓有成效的特权谈判。通过这种方式，在13世纪时，城市同盟的商人主要从事毛皮、木材、金属矿石、琥珀、黑麦等北方原材料的贸易，同时也发
56 展广泛的金融服务，完善奢侈品的生产。

这种社会和政治生活方式是集体式的，在其所存在的王朝空间里又是自治的。商人们在汉萨同盟内活动自如：里甘商人可以在布鲁日生活、交易和发展，吕贝克商人可以在卑尔根置房和成家，同时他们仍然与吕贝克的家庭成员保持密切的贸易联

系。这也是一个文化区；卑尔根和塔林（先前称为雷瓦尔）的堂区居民礼拜的祭坛，是布鲁日和吕贝克的艺术家制作的。汉萨同盟强调同盟范围内的自由贸易，它的官员采用执政官等罗马共和国的头衔。托马斯·曼的杰作《布登勃洛克一家》（1901）记录了汉萨同盟社会和经济体系的一些长远理想，也保留了它的大部分遗产。

在欧洲的不同地区，都明显存在这种平行的行业协会。有时正如我们在士瓦本联盟中看到的那样，统治者会提拔他们，但有时也害怕和憎恨他们。公元1388年，英格兰国王理查二世下令调查王国内的所有宣誓协会。国王从他们身上看到了一种可以隐藏财富而不被征税的手段，并且可以秘密策划颠覆活动。一年后，大法官法庭提交的申报表记录了大量的宣誓团体，这是一次局部的调查，却查出了600多个协会，其中大部分都与温和的宗教和公民目标有关。

那些希望增强宗教体验的平信徒常常寻求加入宗教团体，这种团体名叫兄弟会（法语、西班牙语和德语分别称为*confréries*, *hermandades*, *Bruderschaften*）。作为一个社团，他们采取集体行动：收取会费，选举官员，宣誓效忠和保密，聘请神父为死去成员的灵魂祈祷，聘请传教士，创作供他们使用的剧本和赞美诗，并委托艺术家为他们小礼拜堂的祭坛作画。提出这种倡议的人更愿意加入一个适合自己的团体，团体中的其他人应该和自己在财富和性格方面相近，并值得信任。有时这些社团会使用亲属式的话语，强调他们之间忠诚和谨慎的关系。 57

在欧洲传统中，联合体的习惯是强有力的。它是一种安全有效的互动模式，所有阶层的人都愿意选择它：许多人的意见汇集成一种声音。因此贵族和精英骑士团联合起来，如公元1326年匈牙利国王查理一世创建的圣乔治骑士团，或公元1348年英格兰国王爱德华三世创建的嘉德骑士团。有时为了特定的目的，比如十字军东征或朝圣，贵族也会建立不太正式的联盟。杰弗里·乔叟描述前往坎特伯雷朝圣的混杂人群时，他认为朝圣
58 者是一个临时的兄弟会。

第三章

伟大的理念：基督教的救赎

公元4世纪，一个起源于犹地亚且几个世纪以来没有名字的犹太教分支不断壮大并最终成形，形成一股名为“基督教”的势力。基督徒闻名于整个罗马帝国，其主要原因是在戴克里先（245—311）和尤利安（330—363）等皇帝统治下，他们遭受了众所周知的残酷迫害。君士坦丁皇帝确立了基督教的合法地位，在他主导的宗教会议中，人们公开讨论基督教的信条。4世纪末，基督教已经取代帝王崇拜，成为罗马帝国的官方宗教。

基督教为信徒群体实现个人救赎提供了一条道路，这要感谢上帝化身为人耶稣，他的诞生为世界带来救赎恩典。在早期的几个世纪，地中海沿岸城市出现了基督教共同体，这些共同体由使徒建立并由主教领导，还有神父和执事指导宗教生活。基督教活跃于整个近东、北非和欧洲大部分地区，但它的教义具有普世意义。 59

基督教的救赎

在高卢、北非、西班牙和意大利，接受古典课程教育、受到公共事务训练并从中得到回报的人，成为基督教欧洲的领袖。就在周围的政治秩序发生巨大变化之际，大量男女以家庭为单位开始信奉基督教。几个世纪以来，帝国一直与蛮族及其首领共享领土。随着越来越多的蛮族领袖接手帝国防御事务，许多罗马精英开始转变身份，成为基督教领袖：战士型的圣徒如圣马丁或圣杰曼努斯，主教型的圣徒如圣安布罗斯（约340—397）以及后来的奥古斯丁，每一位圣徒都为全世界的基督徒生活树立了榜样。元老院家庭的人成为主教和公职人员。像波埃修斯（约480—524）和卡西奥多罗斯（约485—约585）这样的人意识到，在新统治者的治理下，政治变化影响着他们身处的世界。对于他们这个阶级的人来说，这是一种传统性的职业，他们试图通过公共事务捍卫基督教精神和罗马法。

现在主教们收取原先交给帝国官员的税收，他们利用这笔收入加强城市防御并抵御攻击，确保水和粮食的正常供应，为不断壮大的共同体修建教堂，迅速处理异教崇拜的遗迹，建立慈善机构，并在时局艰难之时安抚他们的信众。梅斯的维利库斯主教（542—568年间担任主教）颇有远见地储存粮食，保卫城市免遭入侵，因此受人颂扬。公元585年，一个委员会曾指示：主教们不应该养狗，因为狗可能会阻止那些需要帮助的人接近他们。很快，所有城市都有了教堂和洗礼堂，它们装饰着城市的风景，主教们在其中举办仪式阐释信条，从而支持着基督徒的心愿。

古典传说产生于异教世界：异教徒的诗歌颂扬众神，它的法
60 律预设一个像上帝一样的皇帝作为国家元首，它的哲学提供了通往完美的道路，而这与基督教道德的道路大相径庭。公元300年到公元600年之间，古典传统的“基督教化”进程正在进行。

在西班牙，我们发现了律师兼省长普鲁登修斯（348—413），他也是一位诗人，一位基督教诗人。正如受过法律训练的罗马人一样，他利用精湛的文学和修辞技巧达到基督教的目的：创作赞美殉道者的诗歌，撰写关于罪恶心理的道德辩论，编写针对那些仍然支持和同情异教徒的人的反驳。与他同时代的奥古斯丁在《上帝之城》一书中也尝试了类似的转变，但更有野心。该书是在公元410年西哥特人洗劫罗马城之后写成的，在这部历史和神学著作中，奥古斯丁反思了罗马的过去，批判了异教徒的世界观。他还提供了一个核心的基督教道德方案，有罪的人通过它可以生活在这个世界上，同时渴望上帝之城。在后来的几个世纪中，奥古斯丁的作品一直是神学和政治思想的基础；它的概念以古代晚期的哲学、语法、修辞学和诗学为依据。

当他们的宗教影响到新的民众时，这些基督教领袖会利用他们的教育和社会影响力，来赞美它并强化它的影响。诗人贝南蒂乌斯·福图纳图斯（约530—609）就是一个很好的例子：他出生于意大利北部的一个特权家庭，在东哥特王国的首都拉文纳接受教育，然后向北旅行，成为法兰克宫廷的公共知识分子。他的诗歌以奥维德和维吉尔为原型，歌颂基督教王朝、蒙受神恩的女修道院院长和虔诚的贞女。经过他这些努力，基督教文化超出了神职人员的圈子，发展并进入享有特权的平信徒的生活：贝南蒂乌斯为庆祝王室婚礼创作诗歌，也为圣徒节谱写圣歌。他发展了一种自传体写作方式，写作基督教圣徒的模范生活，比如公主出身后来成为普瓦捷圣十字架修道院女院长的拉德贡德，这是一种独特的新基督教体裁。

城市尊敬那些将基督教传播至此的圣徒和殉道者，有些殉道者甚至在被迫害期间传教，比如维埃纳的费雷奥洛斯或阿尔勒的西姆伦纽斯。圣格诺韦法（约419—约512）也就是后来法语中称为热纳维耶芙的圣徒，是一位出生于富裕家庭的女性，她的父母在距离巴黎不远的地方拥有地产。她在宗教方面早慧，在巴黎的一所宅子里过着虔诚的生活。公元451年，她在这所宅子中鼓励巴黎人直面匈奴人的攻击。在她死后，人们服从她、崇拜她，并把她视为圣徒。

爱尔兰的基督教文化不仅强大，还较好地适应了本土，在这一时期，产生了几位有影响力的领袖。圣科伦巴努斯（543—615）是到勃艮第传教的传教士，此时勃艮第刚皈依基督教。在一位勃艮第朝臣的支持下，他和他的追随者来到吕克瑟伊堡，并在城堡的废墟中定居。在那里，人们形成了一种宗教生活模式，后来也被其他共同体效仿。这不仅是世俗赞助人和宗教狂热者的作品，也是基督教在农村环境中的植入，整个地区都能感受到其影响。

将基督教传播到与罗马世界几乎没有接触的地区，是一个更大的挑战。基督教仪式的力量必须被证明真实和有效。与所有宗教一样，基督教必须能够有助于与死者对话，并支持社会关系。一群虔诚的精英传教士——通常是修士——从充满活力的基督教生活中心，来到与异教徒接触的地区。《圣巴尔巴托斯传》讲述了在公元663年巴尔巴托斯如何使贝内文托的伦巴第人皈依基督教：他砍倒了举行仪式的那棵树，挖出树根并将其粉碎。当证明了巴尔巴托斯的力量和树的无能时，基督教新的信徒就推选他为贝内文托主教。同样，圣卜尼法斯（约675—754）从威塞克斯来到乌得勒支，和传教士威利布罗德一起在弗里斯兰人

中工作。在他的第二次旅行中，他前往罗马接受教宗对其使命的祝福，转而到位于法兰克王国边界的黑森北部向萨克森人传 62
教。他的传记描述了他与萨克森人的神圣象征对抗的壮举，特别是他设法摧毁了他们在弗里茨拉尔的神圣橡树，最后却没有受到惩罚，在橡树被摧毁的地方，后来建起了修道院。在他最后一次前往弗里斯兰布道时，像许多传教士一样，他死在了他的传教对象手中。公元1168年，十字军袭击了位于波罗的海吕根岛上的阿科纳神庙，拆除了战神斯万特维特的雕像，将其切碎并用这些木头做饭。或者说，我们听到的故事是这样……

约公元1230年，斯诺里·斯图尔吕松的传奇故事《挪威列王传》记录了挪威国王的事迹，其中描述了奥拉夫国王（约960—1000）是如何皈依基督教的。作为一个异教徒，奥拉夫拜访了一位居住在锡利群岛上的先知，只听到了他自己的命运：为众人洗礼并引导他们走向真正的宗教。这篇后来的记述或多或少体现了一种传统，即蒙受神恩的干预使奥拉夫成为挪威和冰岛的传教士国王。对于奥拉夫这样的统治者来说，他们对自己的军事领导和能力感到非常自豪，基督教必须以一种胜利的宗教，一种能够带领其追随者在世界上取得胜利并战胜死亡的宗教形式出现。因此文字和图像展现出的基督形象，必须是胜利和庄严的。有时基督教的物质文化和礼拜仪式会给人留下深刻印象，甚至击垮他们。公元1205年，为了教育利夫人①而演出《圣经》情景剧，由于场景非常生动，观众认为暴力是针对他们的，于是纷纷逃跑。

随着传教士们继续努力在东方和北方传播基督教，宗教文

① 芬–乌戈尔人的一支。——编注

化在已皈依的地区逐渐发展，并对欧洲宫廷的统治精英产生了影响，基督教在这些统治者的领地内也牢固确立。公元841年至公元843年间，法兰克贵族妇女多达为她的儿子威廉写了一本指导书，威廉近期被召到西法兰克王室宫廷。这部作品表现了一位心系子女的焦虑母亲的爱，但它也显示了圣咏对9世纪贵族的
63 重要性。多达数百次引用《圣经》中的圣咏，并提到奥古斯丁；她还谈到儿子准备就寝时的温馨时刻，并建议为他的安全祈祷。多达的作品还表明，阅读培养了一种敏感和微妙的情感。一位母亲在这里利用这些技巧和洞察力帮助她的儿子，对于法庭上的法官和照顾教民的神父来说，这同样很有帮助。仅一个多世纪之后，在下萨克森的冈德谢姆女修道院，继罗马人特伦斯之后，赫罗斯维塔（935—约1002）写作了喜剧，还写了关于基督教殉道者苦难的剧本和读物，其中包括许多女性人物。在为出身高贵的妇女而建的这个修道院中，她操着一口流利的拉丁语，并创作了荷马在《伊利亚特》中使用的韵律诗。欧洲基督教文化的普及，使得赫罗斯维塔和她在萨克森的姐妹们意识到并同情那些9世纪50年代在穆斯林西班牙科尔多瓦殉难的基督徒；她还为他们创作了一首诗。

修道思想和实践

人们渴望通过个人努力寻求救赎，渴望在忙碌的日常生活之外，在全身心投入的共同体中与罪恶作斗争，由此引发了许多实践，它们在孤独或与世隔绝的生活状态下进行，就像科伦巴努斯的实验那样。公元6世纪，努西亚的圣本笃（约480—约547）制定了共同体内宗教生活的模式。本笃是翁布里亚地主家的

儿子，他在接受教育后开始了孤独的宗教探索，并在苏比亚科周围的山区生活了多年。他在该地区建立起宗教团体并给他们指导，公元529年，他终于领导了卡西诺山的修道院，并制定了会规。他的修道院成为一个有影响力的基督教完美愿景，是宗教组织中一项不朽的成就，很快被全欧洲数百家修道院采纳。

受早期集体宗教生活实验的启发，本笃的模式为可持续共同体提供了一种平衡的生活方式。修道生活的核心是个人在集 64
体环境中的奋斗。公共方面意味着，任何人都不能拥有个人财富或财产，必须受约束地维持禁欲主义信仰。修道院的顶层是它选出的精神领袖即男性修道院院长；他像所有父亲一样引导他人，但也有规训和惩罚的权力。上帝做工（*opus dei*）是通过持续献上的祷告和集体敬拜进行的。但在地窖和花园里，还有其他工作要做，工作的目的是确保有足够的食物，生病的修士能得到照顾，最重要的是修士们不能闲着。

本笃会修道院的生活依靠农业土地生产的农产品和收入，而这些都是创建者和赞助者的捐赠，也是永久的礼物。如果有人曾在修道院圣殿里接受奇迹治疗而心怀感激，就很可能为修道院增加财富。公元785年，当里克伯吉斯女士参观尼韦勒的圣格特鲁德修道院神殿时，她的病治好了。作为回报，她赠予这座女修道院12个庄园及其农奴，还有一座她赞助的教堂。地位略低微的人会用其他方式表达他们的感激之情。12世纪50年代，在诺里奇的威廉——他是一位童子殉道者——的神殿接受治疗后，萨福克郡沃瑟姆村一名10岁男孩将自己的一生献给了诺里奇大教堂修道院。

对修道院的管理涉及修士与外部世界之间的联系：监督农

业劳动、销售产品、款待捐赠者、与当地主教互动以及照顾修道院中的朝圣者，这些修道院是圣徒圣殿的所在地。一般而言，这些任务会分配给有经验的信徒和负责不同事务的主事者，而平信徒则受雇执行法律和商业任务。世俗的活动和事务侵入修道院，造成长期的紧张局势；有时这种情况只能要求修士放弃修道
65 院生活的基本原则——安居（*stabilitas loci*）。

如果是女修道院，所有这些困难会变得更加复杂，因为修女们在很多方面不得不依赖男性：不仅在耕地、市场和法庭方面，在日课和圣事典礼上也是如此。一些修士领导人向女性提供教牧辅导。公元512年，阿尔勒的凯撒留斯（约468—542）为他姐姐领导的修女制定了规则。规则强调严格的封闭；与修士不同的是，修女从不招待宗教权贵，只能与其他修道院的女性一起用餐。公元836年，富尔达的修士鲁道夫写了一本传记性著作《圣利奥巴传》，并寄了一本给萨克森修女哈图莫达（840—874），这样她就“可能有愉快的读物和认真仿效的对象”。在一些地方，“双元制”修道院是并排建造的。事实上，我们谈到的吕克瑟伊的科伦巴努斯和基尔代尔的布里吉特（约451—525），都建立了这样的双重共同体。高卢对盎格鲁-撒克逊人产生了影响，激发了类似的实验：在惠特比由圣希尔达领导；在伊利由圣埃塞德丽达领导。在所有这些例子中，有权势的女性——无论是天生高贵还是凭借婚姻显贵——都参与了创建，她们的权威和魅力也让她们能够在其中担任领导者。尽管几个世纪以来，偶尔会有一些人拥护“双元制”修道院的传统，如英格兰森普林翰的圣吉尔伯特（约1083—1190）或瑞典的圣布里奇特（1303—1373），但长远来看这种传统是无法延续的。由于存在着对恶习

的抱怨，这促使主教和教宗即使是在同一修道会内，也为男性和女性建立了不同的道路：就像后面几个世纪的熙笃会、方济各会和多明我会一样。从平均数字来看，女性修道院收到的捐赠较少；因此它们通常规模较小，在经济上更脆弱。

几乎每个世纪，本笃会的规章都是改革新方案的基础。公元910年，阿基坦公爵威廉将一些林地授予勃艮第的克吕尼修道院第一任院长贝尔诺。一种宗教秩序由此诞生：母修道院领导着几个下属的"女儿"修道院。它的要义是在奢华的建筑环境中持续虔诚祈祷，并且除了教宗之外不受任何人的监督：配以雕 66
梁刻柱，用于庆祝圣事的华美器皿，以及精心谱写的圣歌。克吕尼修道院吸引了贵族、皇室创立者和出身高贵的新成员。它们为精英提供了一种宏伟而奢华的修道院体验。

11世纪末，一群修士聚集在莫洛姆的圣罗贝尔（约1029—1111）周围，开始了又一次改革的尝试。罗贝尔出生于香槟的一个骑士家庭，在勃艮第的西多进行严格的修道院生活实践。他们的模式不是不断祈祷，而是劳动。在荒凉的环境中，在边缘的土地上，熙笃会教徒追寻荒野，将此作为逃离世界的途径。他们寻求隐居和艰苦工作的生活方式，正吻合当时的经济增长趋势：清理无人居住的土地，发展更密集的农业形式，以养活快速增长的人口。在忠诚的兄弟们照料下，在世俗皈依者的劳作下，熙笃会修道院管理着繁荣的农庄，在约克郡、托斯卡纳、威尔士、波希米亚和波美拉尼亚，他们大受欢迎。由此带来的财富积累使他们能够修建好的图书馆，并布局合理且完善的房屋。他们创新的招募政策允许那些没有接受过拉丁语教育的门外汉，作为庶务修士（*conversi*）加入该会，这让熙笃会流行一时，在12世纪和

13世纪广受欢迎。

由于熙笃派的修道院联系密切，他们最终形成熙笃会，通过选派已建立的修道院中的成员去建立新修道院的方式，熙笃会的领导者试图加强所有修道院的统一性并严格管理。于是公元1146年，约克郡芳庭熙笃会教徒来到卑尔根附近的吕瑟，建立了挪威第一座修道院。然而，每个修会显然都必须回应当地的宗教风格和热情。12世纪70年代，英格兰的熙笃会教徒率先采用新的圣托马斯·贝克特节日，是最早承认该节日的修会之一；
67 波美拉尼亚科巴茨修道院的熙笃会教徒为该地区的守护神圣奥托修建了一座礼拜堂；而在苏格兰，梅尔罗斯修道院则为圣布莱德修建了一座礼拜堂。亲属关系网络会影响吸收新成员：13世纪初在丹麦洛古姆修道院，领唱者（负责唱诗班）有一个教友兄弟。熙笃会的会众很快拥有了数百座修道院、朴素的教堂和简单的圣歌。熙笃会最著名的思想家克莱尔沃的贝尔纳（1090—1153）是一位神秘主义者、神学家和辩论家。在他痛斥其他修道院的艺术作品时，却捕捉到早期熙笃会生活的热情。当修士们试图阅读《圣经》时，周围的雕像和画像会分散他们的注意力，他问道："肮脏的猿在那里干什么？""凶猛的狮子？""可怕的半人半马怪物？"

由于我们的资料往往带有圣人传记色彩，因此我们很难确定年轻人参与宗教生活、赞美修道院圣徒晚年生活的动机。一些家庭会将其成员安置在修道院中，以解决他们的问题；一些统治者也会把敌人放逐到修道院。直到12世纪，人们都有可能向修道院提供儿童，即献身给上帝的儿童（*oblati*）。此后，正式加入前需要成年人同意。许多世俗之人选择在修道院安享晚年，在相对舒适和安全的环境中忏悔。修道院之所以具有吸引力，原因可能在于它是教育、学习、音乐、艺术、园艺、医学等领域的重要活动中心，所有这些活动都可能促进个人的发展，同时也能实现宗教使命。在萨克森的冈德谢姆有一座女修道院，院长名为哈图莫达，曾有一位修士为她写作过传记，描述她作为女修道院院长的艰辛："她仔细思考院长的尊称到底意味着什么，是受人爱戴，还是令人生畏。"宾根的希尔德加德修道院院长（1098—1179）在参与教会政治的同时，也成为领导者、学者与神秘主义者。 68

修道院是一种小型组织，成员彼此熟识，但因年龄和性格而有所不同。修道院有其独立的部门：地窖、厨房、缮写室（*scriptorium*）、医务室、学校和唱诗班；其中既有艰辛的劳动，也有成就。集体实践创造出高度的亲密感：公元8世纪，一些盎格鲁-撒克逊修士抄写员完善了一项书写技能，能够写出别具特色却相同的手写字体。像所有的机构一样，修道院中既有卑鄙专横的人，也有乐于助人的善良人。由于远离家人和朋友，修道院培养了成员之间深厚而热情的友谊，也产生了嫉妒和悲伤的挫折感。

每个修道院也是一个更大的赞助和合作网络的一部分。这一点在修会方面最为明显，但它也通过区域网络发挥作用。《欢乐花园》创作于公元1167年至公元1185年间，该书作者兰茨贝格的赫拉德是阿尔萨斯霍恩堡修道院的女修道院院长，这本书为她的修女们提供了神学、文学和音乐知识，是一部精美的插图手稿。赫拉德从邻近的马尔巴赫修道院借来手稿，经过她仔细编辑才最终完成。信使们经常大声朗读寄来的信件，而厚厚的信件将修道院及其成员联系在一起。修道院也是为死者祈祷的组织；诺曼底的圣埃夫鲁勒修道院和87所其他修道院之间存在联系，目的是相互祈祷；利摩日的圣马夏尔修道院则和37所其他修道院保持联系。在各修道院之间，流通着记载死者姓名的羊皮纸卷，促使修士相互为死者的灵魂祈祷。

在修道院内部或修道院之间，有时会发生关于基督教教义的争论，这些争论相当重要。9世纪30年代，在皮卡第的科尔比修道院中，两位修士——帕斯卡西乌斯和拉特拉姆努斯——发
69 生了关于圣礼性质，尤其是圣餐的讨论，这是有关这一主题最早的讨论之一。在12世纪的英格兰，修士们激烈地争论庆祝圣灵感孕节是否明智，而这一事件在福音书中没有记载。由于每一个新成立的修会都批评旧的已有修道院的松懈和堕落，因此修会之间有了争论。在修士和修女的笔下，出现了重要的新神学方法和见解：修士安塞姆（约1033—1109）在他的《上帝何以化身为人》中，阐释了上帝为何必须化身这个有影响力的构想，这位修士来自意大利，后来成为坎特伯雷大主教。在这些辩论中，修士往往使用华丽的古典修辞，引用《圣经》权威来表达自己的想法，有时还会发展成激情澎湃的个人活动。

修道院对院墙之外的宗教文化产生了深远的影响。由于修士们的宗教关怀，修道院通常成为用当地语言书写宗教作品的中心。它们是艺术作品的生产中心。对于欧洲的农村人来说，基督教生活表现最明显、印象最深刻的，无疑是修道院。宗教机构相对稳定持久；他们维持对当地圣徒的崇拜，偶尔提供教牧关怀，并在节日和需要时分发食物。修道院通常在当地进行招募，因此在这些修道院中，也注入了土地所有权和当地影响力网络

的因素。

一些著名的修士奋斗者变得非常有名，以至于当他们去世时，人们期待奇迹的发生。当科隆维利奇的阿德尔海德（约970—1015）在她创办的女修道院去世时，科隆主教希望将她的遗体保存在他的大教堂中，用作朝圣和敬礼。她的姐妹们设法使她回到修道院安葬，这是她的愿望。然而成功孕育了破坏；许多修道院都发现，朝圣者的需求和他们欢乐的庆祝活动破坏了他们的共同体所寻求的平静。 70

自从12世纪欧洲各地建立起修道院后，它们和地方堂区之间产生了复杂的关系。通过正式或日常的影响，修道院使得附近堂区的宗教习俗更加丰富。海斯特巴赫的熙笃会僧侣凯撒留斯（1199—1240）讲述过一个具有教育意义的故事，其中就设想了这种交流。一位特里尔堂区的神父曾在熙笃会修道院停留过一段时间，他在那里学习了《又圣母经，慈悲之母》这首对唱赞美诗。这首赞美诗对他帮助很大，因为不久后当他遇上暴风雨，在一座教堂里避雨时，他请求圣母平息雷电，由于他一直怀着真诚的奉献之心歌唱赞美诗，所以他的请求灵验了。

寻求自由的教会

随着欧洲经济的增长和破坏性入侵频率的下降，公元1000年后不久，一个联系更加紧密的欧洲正在崛起。近期的皈依使冰岛和波希米亚融入欧洲的宗教和王朝体系，波兰和丹麦也是如此。人们从人口密度更高的西部向东部迁移，这意味着密集的农业生产方式得以推广，因此为了养活不断增长的人口，他们种植了更多粮食。许多活动都是由教会机构——尤其是修道院——带领的：它们是一种相对稳定的存在，由当地精英成员捐赠，也是这些阶层的家园。修道院有时是政治和经济力量的先锋：9世纪末，乌赫尔伯爵吉弗雷德再次移民加泰罗尼亚，与他合作的是耕种乌赫尔平原的修道院。

主教们通过以主教座位（*cathedra*）命名的大教堂（*cathedral*）领导周边的教区。大多数欧洲城市都有一个洗礼教堂，正是在那
71 里，当地人成为了基督徒。城市一词来源于古罗马的“市民”（*civitates*），因此现在成为英文中的city，而最著名的城市是教会和世俗事务的行政中心。尽管有其他建在圣徒坟墓上的教堂和礼拜堂，但它们都隶属于该市的母教堂——洗礼教堂。

尽管有修道院的影响，有地主家庭的偶尔支持和圣徒的零星灵感，但直到12世纪，乡村地区的宗教牧养仍是零散的，在整个欧洲几乎没有统一。贵族家庭有自己的家庭神父，他们的成员能够建立修道院和女性修道院。地主能够在自己的地产上为受抚养者修建教堂；他们任命神父并装饰圣坛，以供所需。主教们为教会学校的神职人员提供培训中心，他们发挥了重要的作用。公元1000年以前，已婚男子仍然有可能成为神父，同时拥有家庭。

无论罗马与某些欧洲地区相距多远，它都是无与伦比的基督教中心。在教宗的仪式中，罗马帝国的象征意义仍然清晰可见：法衣、圣歌和头衔。教宗不仅抬高了当地罗马圣徒的地位——殉道者彼得和保罗、涅柔斯和阿喀琉斯——还助长了早期在君士坦丁堡蓬勃发展的圣母崇拜。公元800年，查理大帝来到罗马接受加冕。后来德意志国王们也来到这里寻求加冕。事实上，正是神圣罗马帝国皇帝亨利三世（1017—1056）鼓励将世

界上的教会视为一个以教宗为首脑的等级官僚结构。教宗是罗马这座独一无二城市的主教，也是世上基督的代理人，他赋予主教职位和权威，而主教们也相应像优秀的牧人一样，监督教区以及其中的所有信徒。或者说，理想状态应当如此。

现在，从罗马产生的愿景是教会的等级制度和教规，以及摆脱世俗权力的自由，即教会自由（*libertas ecclesiae*）。在这个世纪初，法国北部的上帝和平运动表达了类似观点，该运动敦促教 72
会利用其权威控制骑士暴力，保护弱势群体；米兰的帕塔里亚运动也表达了类似观点，他们对控制著名的米兰教堂的贵族教会统治提出抗议。克吕尼修会已经在更有限的意义上发展了自由的理念，它只对罗马负责，不向任何其他世俗权威负责。教宗格列高利七世（约1015—1085）领导了改革；在早期职业生涯中，希尔德布兰德曾是克吕尼修士，即使成为教宗，他仍然保持着原先的身份。

格列高利七世提出，教会自由这一强有力的概念根植于罗马的自由（*libertas*）观，这激发了新的神学、法律和外交活动。格列高利试图使帝国和皇室不再干涉教会的任命，从而允许教会官员自由行事，而不是伟大君王的代理人。花钱买教会职位的行为（买卖圣职罪）和提拔不能胜任的亲属担任教会职位（尼哥拉党人行为）的做法是根深蒂固的，由此教宗辩论派开始出现态度的重大转变，认为这是一种不可容忍的权力滥用。格列高利七世利用教宗使节——经授权能够在欧洲各地行动的使节——为教宗的案件进行辩论，并将其运用到当地的情况中。

这种抱负的转变必然演变为一场政治斗争，争夺任命主教、召集基督教法庭、立法和修正婚姻、界定战争和商业道德的权力，有时还涉及纠正统治者的权力。由此格列高利和当时的皇帝亨利四世（1050—1106）发生了冲突，并导致精神领袖使用终极武器：将皇帝逐出教会，逐出基督教生活的仪式。公元1077年在卡诺萨，一场戏剧性的较量迫使亨利四世进行一场有辱人格的忏悔仪式，寻求与教宗和解。在神圣亲属关系传统已经扎
73 根的社会中，国王是有号召力的军事领袖，他们期望民众忠诚于己，而教会希望由神父引导基督教社会，如何才能实现这一雄心勃勃的新愿景？

12世纪时，统治者和主教之间发生了几次类似的冲突，主教们维护教会的“自由”，即在精神事务上的自主权。教宗和皇帝之间的斗争偶尔会导致在选择教宗时出现分歧。公元1159年，欧洲统治者被要求在两位教宗中选出一位，这两位都是由罗马的枢机们选举产生的：亚历山大三世与维克托四世。前者是一位极为活跃的立法者和领袖，得到了除皇帝腓特烈一世和帝国主教以外的所有人支持。这种失调会带来非常实际的结果，因为在这样一个分裂时期，谁将得到信徒缴纳的什一税？谁能任命主教？谁来裁决向罗马上诉的案件？

教宗的主张与王室司法管辖权相抵触，特别是在神职人员的法律地位方面。有时国王不仅会以原则对抗主教，还会采用一些奇怪的做法。比如，波兰最早的本地斯拉夫主教之一斯坦尼斯瓦夫（1030—1079）是一位受过教育且有能力的领袖，在他所服务的国王博莱斯瓦夫二世的命令下壮烈殉难，成为殉道者。争论的焦点不仅是一系列关于教会财产的对抗，还有主教惩罚国王道德的权利。正是因为将神父带上法庭的权利和教宗在英格兰的权威问题，英格兰国王亨利二世（1133—1189）与其前任

大臣、顾问和朋友、后来的坎特伯雷大主教托马斯·贝克特（约1118—1170）之间产生了裂痕。贝克特在他的大教堂被人谋杀，公元1173年，教会迅速封他为殉道者，人们对此的反应热烈而广泛：托马斯是一位英国圣徒，但他的故事在英吉利海峡之外也很有意义。

最终，国王和高级教士形成了一种融洽关系，因为统治者依赖只有教士才能提供的仪式支持和培训，而教会机构则依赖只有国王能够保证的保护和特权。因此到了公元1200年，王朝统 74
治者与教会法庭共同对民众进行管辖。大量的事务得到处理：遗嘱认证、亵渎和异端审判，以及对所有人生活至关重要的婚姻事务。

堂区基督教

大约在公元1200年之后，基督教信仰和习俗在欧洲近90 000个堂区广泛地并定期地传播。教区教堂成为一生中频繁或不频繁地礼拜时的熟悉空间，个人和家庭在这里庆祝他们生命中最重要的时刻。北欧的教堂是用木头建造的，南欧的教堂是用石头建造的，教堂的装饰和陈设在很大程度上取决于教堂内的礼拜者。神父和社区一起担负维护教堂结构的责任，但如果由一位富有的赞助人负责，那么堂区教堂可能会获得宏伟的绘画、钟楼、精美的祭坛和雕像（在1000年以后），以及后来的装饰性窗户。当地人民的手工艺品装饰了堂区教堂，使之更加华丽：妇女为祭坛制作的刺绣布，或男人精心维护的建筑结构。堂区能发挥多大的作用，在宗教教育和精神慰藉方面提供多少帮助，都取决于堂区神父，取决于他接受的训练和动机，以及该堂区所属教区主教是否小心警惕。主教们力图为苦苦挣扎的神父提供有用的手册、示范布道和指导忏悔的问题清单。城镇居民接受堂区、行会小礼拜堂和大教堂内外的各种宗教服务，听取神父和教理老师的布道，观看他们组织的宗教戏剧，并从中受益。

公元1100年至公元1200年间，通过主教和世俗统治者的共同努力，其中许多制度安排都发生了变化（方框2）。现在盛行
75 的是堂区制度，部分以长期提供教牧关照的安排为基础。每个堂区都是一个礼拜仪式的单位，是官僚机构，也是规章制度和缴纳什一税的单位。欧洲各地的堂区既有小而密的类型，如约克城的堂区，也有广阔乡村的类型，如波美拉尼亚和利沃尼亚的堂区。堂区基督教是在神父的指导下由平信徒进行的仪式、教导、参与和奉献的结合，约公元1250年后，得到了平信徒堂区执事的协助。

堂区教堂有多重身份：是聚会场所，是安全的避难所，是储藏室，也是举行仪式的地方。生命周期中的重要时刻都与教堂仪式有关，在堂区教堂内或附近举行庆祝活动：出生、成年、结婚和死亡。通过圣礼，神父向堂区居民传达教会的巨大财富——救赎的恩典。洗礼抹去受孕时传给胎儿的原罪污点（图8），并创造了精神伴侣——承诺支持新基督徒的教父教母。在青春期，基督徒的信仰得到确认，通过触摸主教手上的圣油，恩典得以传递；从那时起，这位基督徒每年会忏悔，随后苦修赎罪，以此来与罪作斗争（图8）。结婚是为了建立基督教家庭，帮助抑制罪恶的欲望。

每个成年人都有每年忏悔一次的义务，并根据神父的要求赎罪，所有这些都是为了做好准备，接受在弥撒时供奉在祭坛上

方框2　第四次拉特兰宗教大会

教宗英诺森三世（1160—1216）花了两年多的时间策划这个全基督教世界的宗教大会。公元1215年11月，412名主教、900名修道院院长和许多世俗统治者的代表聚集在罗马教宗宫殿进行了三周的讨论（图7）。这些讨论产生了大约70条关于宗教生活重要方面的教规，其中特别关注对堂区内平信徒的规定和对异端邪说的惩罚。在随后的几十年里，主教们根据这些教规在当地的宗教会议上立法，从而在整个欧洲传播了基督教生活的共同蓝图。这次大会制定了重要而恒久的规定：它将圣餐变体论作为一项信仰，并规定所有信徒每年都必须参加忏悔和接受圣餐。大会还要求犹太人和穆斯林在衣服上佩戴明显的标志，避免与基督徒混在一起；并呼吁向圣地发起新的十字军东征。

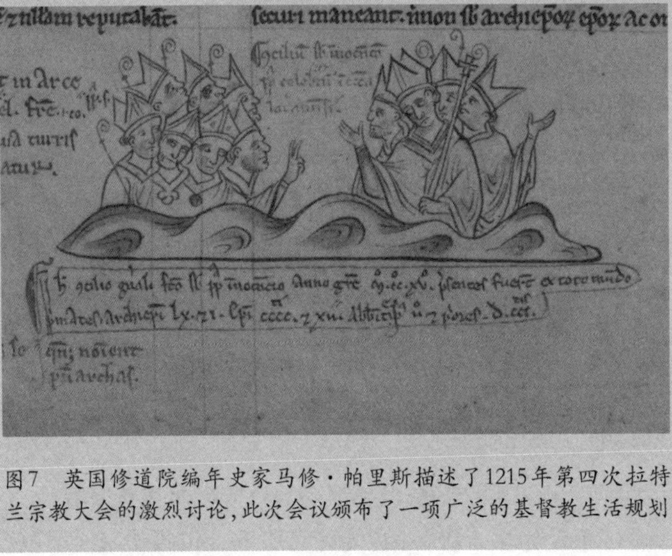

图7　英国修道院编年史家马修·帕里斯描述了1215年第四次拉特兰宗教大会的激烈讨论，此次会议颁布了一项广泛的基督教生活规划

图8　洛伦佐·迈塔尼在奥尔维耶托大教堂外立面的雕刻（约1310—1320），描绘了亚当和夏娃受到诱惑的场景

的面包——即在后来被称为“变体”的过程中转化为基督的血与肉的面包。据冰岛斯卡霍尔特主教帕尔·荣松（1155—1211）的传奇故事记录，他认为弥撒是相当重要的圣礼，甚至可以取代频繁布道的需要。当人们来到生命的尽头，面临超越死亡的未知
77 之旅时，神父会在临终前献上最后的恩典——终傅圣事。在这之前，会进行忏悔、领受圣餐，并采取涂抹神圣的基督膏油的形式。

堂区不仅为生者服务，也为死者服务。按照传统，照顾死者

是家庭的责任。法兰克和西哥特的法律通过严厉立法打击盗墓者，维护死者的尊严。随着堂区的兴起，在所有的仪式中都缅怀死者，并且堂区神父可以为随时发生的死亡提供指引。圣洁的好人升往天堂，邪恶的罪人堕入地狱（图9），而大多数人可能认 78
为，他们自己和所爱的人不属于这两个类别。神学的发展指导着堂区的教化，大约在公元1200年，引入了关于炼狱更准确的教义。在这里通过折磨和痛苦净化人心，最后得到净化的人在天堂占有一席之地。在炼狱停留的时间长短不得而知，因此人们被鼓励通过祈祷、善行，甚至是在死后由神父和祝福者为他们祈祷，尽可能多地收集功德，希望由此可以避免折磨，至少减轻痛苦。在许多情况下，富人可以精心安排一生的祈祷，或者在他们的遗嘱中留下这样的指示：让小礼拜堂和唱诗班祈祷，并建立慈

图9　在孔克的圣福伊修道院大门上方的雕刻，约1110—1150，左边生动地描绘了神选者的喜悦，右边则描绘了受诅咒者进入地狱入口时的痛苦 79

善机构，让穷人产生感恩的祈祷。因此他们可以安抚自己的焦虑，也可以表达他们对死去亲人的衷心怀念。在鬼故事里，经常有这样的情节，即丈夫死后回到寡妇身边，告诫她按照遗嘱为他的灵魂祈祷。

堂区涵盖了生活的各个领域，从摇篮到坟墓。除了规划和提供符合复杂人类体验的仪式生活之外，教会还实施了一种真理和审查制度。12世纪，它发展出一种寻求良知应对忏悔的手段。早期几个世纪里更为普遍且经常公开的忏悔，让位于在判断行为时对环境和动机的探究：是谁？是什么？在哪里？通过谁？什么时间？多少次？为什么？这项行为准则在教会法庭、堂区巡视、负责寻找和打击异端邪说的特别法庭（教宗宗教裁判所）中涉及庞大的官僚机构。异端邪说即“邪说女王”，显然需要用“折磨女王”的方式来对待。很少使用刑罚，最常见的是由于害怕被逐出共同体生活，行为准则才起作用。逐出教会的制裁——被排斥在基督徒交流圈之外——意味着受到惩罚的人不能领受圣礼，或参加教堂活动。这是为了迫使人们认罪、悔过、忏悔并赎罪。行为准则的另一种执行方式是禁行圣事令，通常是为了迫使统治者服从教宗的意志，并对全体人民宣布。因此公元1208年至公元1213年间，在约翰国王拒绝接受教宗任命的坎特伯雷大主教后，教会惩罚了英国。公元1376年在与教宗的领土战争中，佛罗伦萨城被教会禁行圣事，因此佛罗伦萨人在教堂墙壁上钻孔，以观察修道院内进行的仪式。

堂区之外

如果有人负担不起加入宗教机构的费用，他们还可以在森

林里、山顶上、无人居住的偏远地方寻求隐居之路。这是一个仅 80
对男子开放的选择，因为妇女的生活由男子监督。然而有少数妇女能够隐居在自己的共同体内，在堂区教堂附近禁闭，住在小房子里，成为女修道士。

对于更喜欢交际的人来说，朝圣令人兴奋，是通往治愈和赎罪之路。富人和权贵可以前往与基督教故事密切相关的地方，如罗马和耶路撒冷，但大多数人只能参观本地的圣殿。参观圣地——无论是圣徒墓、殉道者墓，还是祭奠圣物的圣地——激发了人们写作旅行文学作品，让少数人的经历传播给更多人。8世纪末，《艾恩西德尔之旅》为法兰克的读者们描述了去罗马城的几条路径，在随后的几个世纪中，因为有祭坛画和祈祷书，人们可以拥有“虚拟朝圣”体验，宗教人士依然可以想象自己身处圣地。

基督教会提供的救赎方案，是信仰与日常生活实践的复杂组合。在我们所讨论的时代，有人认为世界上的基督徒生活过于松散，而教会则过多卷入世俗事务。周期性的改革运动试图改善这种紧张情况。有时最积极投身于俗世的人，会成为最伟大的批评家。里昂商人瓦勒度（约1140—约1218）与他的男女追随者——后来被称为瓦勒度派——一起，放弃了他们的财富，向平信徒宣扬贫穷。阿西西的方济各（约1181—1226）是当地一位富商的儿子，在翁布里亚的一个城市里过着享有特权的青年人生活，但在商业财富和市政野心之中，他转向了贫穷的福音。方济各会创造了一种新的宗教生活形式，最初这种形式震惊世人，它与新兴的堂区制度背道而驰。起初他们并没有接受圣职，也没有为堂区服务，他们是自由人，他们的生活是基督徒

81 的榜样，他们的布道和劝诫是基督徒的良言。

他们像乞丐一样生活，用当地语言传教。这一群体可能的贡献是如此显著，甚至教宗都授权这场反文化运动，作为其对抗宗教冷漠的秘密武器。教宗英诺森三世向方济各会颁发了特许状，希望他们效忠，并邀请对宗教“一切照旧”最严厉的批评者到他的寓所。在平信徒的支持下，欧洲各地建立了数百所托钵修士的修道院。方济各会传入丹麦的例子可能是典型：公元1232年，一群赤脚的方济各会教徒进入里伯镇，该镇给了他们一所房子；接下来的几年里，在世俗捐助者的捐赠下，他们又在丹麦其他几个城镇修建了托钵修道院。

对于这种“入侵”，堂区神父和主教表示不满，这并不奇怪。如果人们更愿意接受新来者提供的服务，那么作为宗教体验中心的堂区，作为接受平信徒资助的堂区，又会变成什么样？堂区神父完美地处理多项任务：他完成日常事务，探望病人，照顾需要帮助的人，管理堂区财产，指导年轻人——而修士是专业的传道者。修士会的成员在大学学习期间，会得到该修会的帮助，享受舒适的住所和图书馆资源，并且修士会在全欧洲数百所修道院对其成员进行培训（图10）。他们为欧洲培养了一批最有影响力的思想家，其中包括方济各神秘主义者和神学家波拿文都拉（1221—1274）；与他同时代最伟大的中世纪神学家是多明我会的托马斯·阿奎那（1225—1274），以及当时最伟大的科学家、天文学家和光学家方济各会的罗杰·培根（1214—1294），他可能是眼镜的发明者。正如大多数富有号召力的运动一样，随着时间的推移，托钵修士们逐渐养成了要求较低的生活方式。于是出现了一些讽刺性的言论，嘲讽托钵修士和他们的行事，正

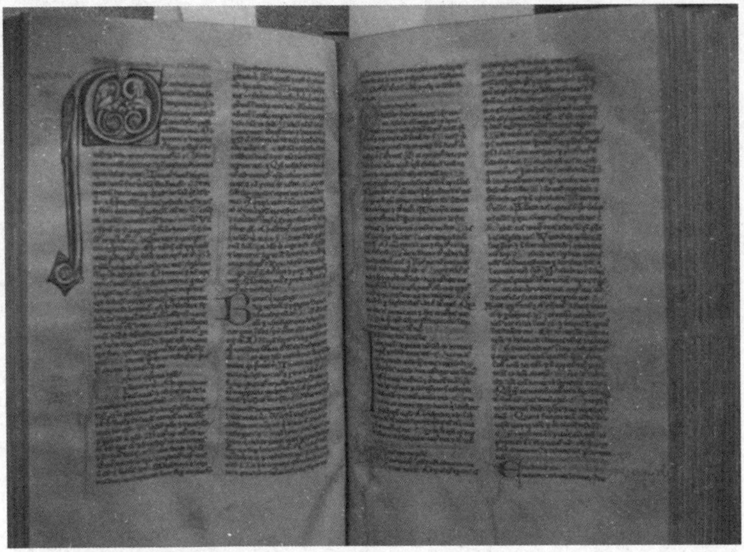

图10　可能出自牛津的一本《圣经》(约1250)，这是一种供学者使用的新型书籍，比如多明我会修士，这本书正是为他们制作的。它便于携带，布局清晰，方便查阅

如杰弗里·乔叟描述朝圣的托钵修士为“放荡而快乐”，充斥着流言蜚语和“市侩言语”。

在我们所讨论的时期之前的几个世纪，在修道院或宫廷中发生了许多文化讨论，产生了许多思想。在堂区宗教和圣礼的 82
生命周期之外，又有新的因素影响宗教体验。其中最明显的是对圣母马利亚的依恋。公元5世纪和6世纪的拜占庭赋予她皇室的风格，加洛林帝国和奥托帝国的宫廷艺术家，以及盎格鲁-撒克逊人的艺术家都采用了这一风格，在12世纪则转变成一种新的风格：圣母马利亚作为一位母亲，在家中与儿子一起工作、祈祷和玩耍。此外，几个世纪以来修士们发展起来的谦逊祈祷，现在已经用各种语言表达，从匈牙利语到普罗旺斯语，从冰岛语到加泰罗尼亚语。圣母马利亚的经历是可以企及的，它与大多数欧洲人所了解的生活产生了共鸣。

在布道、艺术品和礼拜仪式中，救赎的戏剧渗透到堂区。通过托钵修士们的布道，被钉在十字架上的基督因为献身精神而崇高，这培养了人们对受苦受难上帝的同情——这产生于11世
83 纪的修道院，现在也成为城镇居民的共识。方济各本人也表现出对基督的独特认同，对应基督的身体，他的身上也有五处明显的伤口，即圣痕（*stigmata*），分别位于双手、双脚和侧身。教会鼓励信徒们认同上帝的悲伤和悲伤的耶稣母亲（图11），一些人甚至利用他们的闲暇时间，再现这种同情：在专门朗诵圣诗的宗

图11　尼科洛·德尔·阿尔加于约公元1462年或公元1463年为博洛尼亚的生命圣母教堂创作了这组雕像，传达出一种强烈的情绪，与对基督受难
84 的沉思联系在一起，也吸引着基督徒信众前来探索

教俱乐部，有人一边朗诵一边自我鞭笞。在大斋节和圣周期间，信徒们受到吸引，对十字架高度敏感，从而发自内心地感受到基督徒和犹太人之间的差异，引发了虐待和暴力。

在城市中，平信徒参与宗教活动的现象尤为明显，因为那里有大量财富，而促进公民活动是其存在的核心。我们已经看到，对于锡耶纳这样的城市来说，分享仪式有多么重要。平信徒参与其中并作为宗教代理人，现在已经很普遍，这也让女性更加引人注目。在公元1250年后被封为圣徒的人中，有更多的平信徒和女性。在那些得到共同体崇拜的人当中，有已婚妇女、寡妇、女文盲和知识女性。在低地国家和德意志北部的城市，女性团体——贝居安会——从事纺织或鞋带制作的体力劳动，并将其与慈善结合起来，在繁华的城市中，形成了一片类似堂区的地区。在布鲁日和根特那样的城市中，一些建筑群——贝居安会院（*beguinages*或*begijnhoven*）——仍然传递着这些忙碌的宗教女性所创造的秩序感、谦逊感和平静感。她们引起了部分人的怀疑和不满，但一些有远见的主教和告解神父会明白，这样的女性是多么鼓舞人心。

欧洲地区孕育了自己的宗教身份。在贫富差距相当明显的佛兰德和意大利城市，世俗财富的流转特别剧烈，因此产生了极端贫困的福音。12世纪中叶，有着独特欧西坦文化的法国南部朗格多克地区，以及意大利北部和中部的一些地区，接纳了一种我们可以称之为“二元论”的宗教观念，并以“卡特里派”为世人所知。该派别信奉一种宇宙学，其中有两个原则，一个是物质的和暂时的，另一个是精神的和持久的，两者一直处于冲突状态。

卡特里派拒绝为物质注入恩典的圣礼，只承认最完美的卡特里派教徒接受的一种形式，即坚信礼（*consolamentum*）。在“善良”的男女说教引导下，卡特里派走向与肉体、性和权力的分离。法国国王和教宗联合起来，试图将朗格多克纳入法兰西
85 王国，并将卡特里派纳入天主教阵营，这场运动被称为讨伐异端的阿尔比十字军（1209—1229）。当西蒙四世·德·蒙福尔（1165—1218）指挥的北方军队与图卢兹伯爵的军队对峙时，在卡特里派的据点如贝济耶和卡尔卡松，数千人惨遭屠杀。从此卡特里派在很大程度上被摧毁了，但一个世纪后，它的信仰仍然渗透到基督徒的生活中。公元1318年至公元1324年间，蒙塔尤村民的二元论论调吸引了帕米耶宗教裁判所主教的注意，审判留下的记录包含了关于这些很复杂的宗教信仰最详细的证词。

一旦平信徒参与到宗教生活的形成，就不可能抑制创造性的公共宗教习俗。这在极度痛苦的时候最为明显。面对黑死病，出现了许多新派别：埋葬会、鞭笞会和纪念死者的新制度。只要负担得起，所有人都希望扩大祈祷范围，为自己和亲人祈祷。呼吁教会改革的倡议采取了许多不同的形式。在波希米亚，人们利用种族认同感来抵抗主要讲德语的神职人员。受大学神学家扬·胡斯（1369—1415）的启发，传播广泛的胡斯运动寻求从帝国获得政治独立，并改革圣礼。结果胡斯被处死，皇帝领导了一场针对起义地区的征服运动。

尽管举行圣礼总是需要一位神父，但有时平信徒——从富商到工匠，无论男女——更喜欢独自参加圣礼。有些人手头有书籍和画册，定期接触个人喜爱的神父，或联系其他修道院，以此丰富他们的生活。在佛兰德城市中，现代灵修几乎完全不需

要神职人员的参与，因为其成员专注于善行、阅读《圣经》和虔诚的作品，并仍然活跃于世俗界。有知识的平信徒提出了对信 86
仰图像的要求，这鼓励工匠们创作出第一幅版画，并在几十年后创作出第一幅木刻画，这是印刷革命的雏形。到了15世纪初，人们可以买到条形的宗教图像或机械复制的雕刻品，有时把它们挂在墙上，或缝在祈祷书中——特别是信教女性的祈祷书中。

在15世纪的意大利城市，儿童提供的宗教灵感让人们产生了兴趣。为青年组建的宗教剧团，如公元1411年在佛罗伦萨成立的大天使拉斐尔剧团，在游行中展示年轻人的纯洁和天真，人们欣赏他们的音乐表演。在我们所讨论的时期的末期，即15世纪90年代，臭名昭著但富有魅力的传教士吉罗拉莫·萨沃纳罗拉（1452—1498）设法以宗教热情感染佛罗伦萨，并雇用年轻人参加旨在惩罚罪人的忏悔游行。在棕榈主日，男孩和女孩们身穿白色衣服，头发上插着橄榄枝，手里拿着十字架游行。很显然，文艺复兴时期的佛罗伦萨纳入了一些非常传统的宗教体验模式，这些模式不能简单地归结于“中世纪”的实践。公元1498年，萨沃纳罗拉以异教徒的身份遭受绞刑和火刑，这表明了这些
宗教信仰风格及其政治共鸣的波动性和多样性。 87

第四章

王权、领主权和政府

神圣的王权

我们已经注意到：基督教帝国统治的遗产与日耳曼人盛行的一呼百应的军事领主之间存在着动态融合。这一过程导致神圣王权的出现，成为一种概念和实践。它促进了王朝的抱负与正义、仁慈和上帝恩典统治思想的融合。这是一种具有挑战性的混合，不仅由知识分子尽力灌输，权势人物也在努力实现它。

皈依基督教后，蛮族统治者开始采用罗马帝国的仪式和符号。蛮族盛行亲缘族群的联盟，而这些联盟首领的地位逐渐增强，成为基督教统治者。公元800年，查理大帝证明国王也可以获得皇帝头衔。公元1000年，奥托宫廷的作家们提出了“神佑世系”（*beata stirps*）的概念，用来描述国王世系。在随后的几个世纪中，史诗和传奇故事作家们认为，天生的统治者生来就在皮肤上留有特殊的印记。

神圣的王权诞生于王朝统治者和教会之间的契约。教会与

统治者共享训练有素的人员，也共享他们提供的专业知识和服务，并且在宗教问题和神圣权力仪式上，教会向统治者提供咨询 88
意见。相应地，教会希望统治者维持基督教的认同，保护教会，促进正义与和平。一般情况下，这种关系在皈依过程中形成。皈依基督教的匈牙利大公盖佐之子斯蒂芬，接受了基督教统治的可能性。他击败该地区其他异教徒统治者，并且在教宗西尔维斯特二世的祝福下，于公元1000年加冕为国王。他的妻子吉塞拉（985—1065）是巴伐利亚公爵和勃艮第公主的女儿，正是从她的身上，斯蒂芬学会了如何以基督徒的身份进行统治。赠礼和教会的支持确保了这样的王室婚姻。这对夫妇通过立法和树立榜样的方式，在匈牙利推广基督教，尤其信奉圣母马利亚。斯蒂芬的新身份使他的地位比喀尔巴阡地区的其他贵族更高。同样在公元1170年，丹麦国王瓦尔德马尔召集贵族集会，并借此确认了他的新地位——丹麦唯一的统治者——并通过教会的涂油礼和加冕仪式确认。

当一个新的基督教王朝形成时，圣洁的家庭传统也随之形成。基辅罗斯公国国王弗拉基米尔（约958—1015）的儿子鲍里斯和格列布在战争中牺牲后成为殉难者，人们对国王的崇敬感加强了。家族中往往流传着王室虔诚的传统。匈牙利的圣伊丽莎白（1207—1231）在14岁那年结婚，20岁成为寡妇，此后她一生都在照顾病人。她的侄女匈牙利的玛格丽特（1242—1271）在修道院长大，因为她的父母将她献给了宗教生活。

公元1066年，诺曼底的威廉公爵入侵并征服英格兰的大部分地区，带来战争的创伤，此后他也成为一位神圣的君主。经由教宗批准，约克大主教埃尔德雷德在威斯敏斯特大教堂为他加

冕，制作巴约挂毯的英国妇女捕捉到这一场景，用针线活描绘出来，令人难忘。身为基督教君主，威廉支持教会改革，也是较早
89 接受新教宗关于教会自由思想的君主之一。即使他致力于发展世俗立法，他也允许教会法庭蓬勃发展。相应地，教会协助了诺曼化的进程，并向王国提供受过教育的王室大臣和顾问。

对于大多数读者来说，关于神授王权最广为人知的，可能是它的排场，以及它在视觉艺术和音乐、建筑和仪式方面的遗产。布拉格的圣维图斯大教堂和圣温塞斯拉斯教堂仍然保存着皇冠珠宝，离戒备森严的王室城堡很近。通过王朝间的交流，基督教王权的形象和行为被接受。公元1381年，英格兰国王理查二世与皇帝查理四世的女儿波希米亚的安妮（1366—1394）结婚时，理查的宫廷向她的帝国朝臣学习。《威斯敏斯特的理查二世画像》现存于威斯敏斯特大教堂，是独特的威严王权形象，反映了波希米亚人从东部拜占庭习得的画像传统——朴素的正面像。在金色背景下，国王手持权杖和宝球端坐，戴着王冠，穿着坎肩，不同于此前任何一位英国统治者。在一组同样由理查二世委托绘制的画作即《威尔顿双联画》中，精神和宗教层面受到了明确的约束：左边半幅画中，理查呈下跪姿势，和他一起的还有施洗者圣约翰、忏悔者爱德华（1033—1066）和他身后的圣埃德蒙（逝于869年）。这群人面对着在天庭中心的圣母马利亚，她的儿子将绘着耶稣复活的旗帜——象征神圣力量——交给命定统治者。

人们期望神圣君主能够利用暴力来促进基督教和平，因此君主似乎是宗教战争的天然领袖。虽然其中一些人比别人更加热切地呼吁，但所有君主都必须做出回应。第一次十字军东征（1095—1099）由欧洲贵族领导，是到耶路撒冷的武装朝圣。

但第二次十字军东征（1145—1149）吸引了德意志国王康拉德三世（1093—1152）和法兰西国王路易七世（1120—1180），他们成为领袖。公元1187年耶路撒冷落入萨拉丁之手后，英格兰国王理查一世（1157—1199）、法兰西国王腓力二世·奥古斯都（1165—1223）和皇帝腓特烈一世·巴巴罗萨（1122—1190）共 90
同领导了第三次十字军东征（1189—1192）。

在11世纪和12世纪，随着基督教王权的确立，大多数王室定居在首都，正如几个世纪以前查理大帝居住在亚琛：英格兰国王生活在温彻斯特和威斯敏斯特，巴黎是法兰西的首都，卡齐米尔一世（1016—1058）生活在其统治下的波兰新首都克拉科夫，阿拉贡国王拉米罗一世（1007—1063）定居于韦斯卡。即使神圣的国王喜欢一个地方，并以它为首都，他们的巡行也从未停止。13世纪末14世纪初，当英格兰王室随行人员前往苏格兰征战时，威斯敏斯特的几个政府部门仍在运作，但最重要的档案和大量人员与国王同行。

首都的设计反映了责任和尊严，这与基督教统治相关：正义、教育和教会的赞助。它们保存着残留的国家仪式，也是这种仪式的舞台：接待外交官、节日游行和庆祝胜利。死后被封为圣徒的路易九世（1214—1270）曾将圣徒教堂建成如圣髑盒般的建筑，以存放荆棘王冠残骸，这是他从1204年十字军洗劫君士坦丁堡的战利品中获得的礼物。恢宏壮丽的哥特式教堂里回荡着男孩合唱团的音乐，他们是属于国王的歌唱者。同样亨利三世重建的威斯敏斯特大教堂也十分宏伟，它的王朝叙事强调了自忏悔者爱德华以来的连续性，以及基督教对所有罗马事物的普遍忠诚，甚至包括1268年意大利艺术家在祭坛前铺设的马赛克人行道。

神圣的王权意味着，他们必须有效地提供正义和确保和平，通过一种专门的文学作品“王公之镜”和布道，提醒统治者不要忘记他们的责任。一些国王因为他们主动的行动而获得长久
91 的认可。阿尔弗雷德大帝反抗维京人，作为威塞克斯的国王，他为自己确立了霸权地位。他创立了一个宫廷，在这个宫廷中可以有效地防御和提高税收，也可以同样高效地与教宗和欧洲领袖沟通。他的一项成就给同时代人留下了深刻印象，那就是为了提高朝臣和神职人员的能力，他委托创作了一些作品。在阿尔弗雷德的主持下，基督教古典著作，如伟大的格列高利教宗的《教牧关怀》和《对话集》、波埃修斯的《哲学的安慰》、奥罗修斯的《反异教史》，以及比德的《英吉利教会史》，都被翻译成了古英语。这些不同风格的作品都希望提高世俗和宗教领袖的目标，拓宽他们的视野。由于历史支撑着身份认同，所以阿尔弗雷德很可能主持了《盎格鲁-撒克逊编年史》，原始副本被赠送给几个修道院保存和更新，在某些情况下，一直延续到12世纪。

领主权

在继承罗马帝国的王国中，担任公职的人通常有权向土地征税获得收入，即采邑（*beneficium*）。即使在蛮族国王统治下，这一制度仍然基本延续下来，因为它确保了军事和行政人员工作的连续性。在伊比利亚，西哥特国王保留了罗马的王室财库，并且随着王国没收叛国者的土地，继承昔日寺院的土地，得到无嗣继承的财产，财库不断壮大。在古罗马各省的城镇中，地方参

事员（*curiales*）继续收税，并将税收转交给统治者，这是一种由来已久的管理制度。国王们利用这一制度奖励忠诚的追随者，但采邑仍然被视为一种公共事务。公元675年，提乌德里克三世国王没收了一位公爵的土地，因为这位公爵投奔了他的敌人。在法兰克墨洛温王朝统治下，统治者正是以这种方式持有高卢土地，用土地换取服务，一旦服务结束，土地便需要归还给国王。即使在查理大帝及其继任者的统治下，官职也不能继承，并且存 92
在着严密的审查，这意味着远离中心地带的地方官员，仍然被理解为加洛林“国家”的仆人。

公元9世纪，大一统的加洛林王朝分裂成几个王国，分别是意大利王国、东法兰克王国和西法兰克王国，并且维京人、马扎尔人和穆斯林的持续劫掠带来了混乱和暴力，一切都在经受着考验。现实要求地方统治者稳固防御，维持法律和秩序，因此公共行政面临着严峻挑战。官员们一如既往地从事管理工作。自公元800年以来的严格检查现在已经缺席，所以公共事务和私人事务、公共财产和私人财产之间的区别变得模糊并最终消失。现在伯爵会把职位传给自己的儿子，采邑正是维持家族权力和权威的手段。他们给追随者分配部分土地和收入，即封地，以换取忠诚和支持。这块封地能够保障重装骑士的生活与生计所需要的资源，即提供一匹战马和所有装备。现在是那些训练有素的战士以及熟练使用剑、盾和长矛的骑士展现军事力量的时候了。

公元1000年左右，欧洲土地、财富和权力都处于长期重组的过程中，这一体系正是它的基础。它产生了一个相对稳定的统治阶级：很明显11世纪的伯爵和城堡领主中，很多人的先辈是9世纪的王室附庸。除了责任和义务，土地也成为拥有独立影响力的基础。到了11世纪，这些人的家庭、世系和遗产的意识非常强烈，并激发了新的家族史体裁产生，去记录伟大的事迹，如安茹伯爵“粗鲁的富尔克”（1043—1109）、波兰王子博莱斯瓦夫（1086—1138）或1162年至1184年的巴塞罗那伯爵的事迹。（方
93 框3）相应地，这些附庸可以变得非常强大。诺曼底公爵是法国国王的附庸，但他征服了英格兰并成为国王；罗贝尔·吉斯卡尔（约1015—1085）是在伦巴第服役的一位诺曼贵族的第六子，他后来成为阿普利亚和卡拉布里亚公爵，也是教宗的附庸。

一旦封地、领主和效忠的话语成为概念并加以确立，就会被写入宪章并反映在法律中。这些概念还出现在诗歌和历史的世界里。通过受过教育的神职人员，这一话语得以传播，其中的矛盾得到调解，同时神职人员还促进皈依，并管理新的基督教政体。随着各地区融入欧洲，这一话语也融入关于领导力、勇气和忠诚的本土理念。挪威王国（*Norgesveldet*）就是一个很好的例子。在这里，人们利用领主权和效忠的话语，来表达马恩岛和赫布里底群岛国王戈斯洛瑟与挪威国王英吉·哈拉尔德松之间的

方框3　骑士制度

骑士制度一词描述了一系列想法、实践和经验，是从事军事活动自由人的行为准则和生活方式。它的惯例促使战争中出现了有荣誉感的行为，甚至也影响了敌对双方之间的相互约束，例如对待战俘。基督教价值观影响了骑士制度，因为教士的目的是限制暴力发生的范围：保护手无寸

铁的人，禁止对教会使用暴力，禁止在大斋节和宗教节日期间发生战争。因为武士阶层的成员可能会在战斗中遇到亲属，所以该制度的目的是规范他们之间的战争，避免他们遭受最残忍的暴行——残害肉体和耻辱。因此，骑士制度中发展出一种以形状和颜色为基础的符号语言，帮助识别身穿盔甲的骑士，纹章学由此诞生。针对穆斯林的战争有助于加强基督教事务和战争之间的联系，并且在12世纪，产生了像“狮心王”理查和熙德这样的骑士英雄。教士将关于亚瑟王丰富的英国历史传统，改写成有关骑士建功立业和闯荡冒险的史诗，如《寻找圣杯》。这些作品先用法语，之后用其他所有欧洲语言写作。

除了理想化的男性英勇和忠诚这一主题外，还发展出一种相关的爱情形式：宫廷爱情。它想象一位骑士对一位优雅而杰出的女士未实现的渴望，并启发了诗歌、歌曲和视觉意象。虽然骑士制度在战争期间发挥作用，但在和平时期，在伟大的国王和贵族宫廷的格斗与英勇表演中，骑士制度也更加完善。骑士文化在宫廷中推广，妇女可以赞助人身份参与其中，并参加艺术仪式。出身高贵的年轻人可能会沉浸在骑士文化中，因此希望通过战斗获得名望和经验：后来的英格兰国王亨利四世（1367—1413）年轻时加入了条顿骑士团，在利沃尼亚传播基督教（图12）。骑士主题一直影响着社会关系，启发着艺术创作，即使到了雇佣兵和大炮取代重装骑士的时代，依然如此。 94

图12　公元1274年，条顿骑士团在马尔博克修建的城堡（波兰北部），献给圣母马利亚。它和周围的城镇反映了骑士团在东北欧的军事和政治统治

95

关系。同样公元1217年时，据说马恩岛和赫布里底群岛的洛格马尔国王，从挪威国王手里“受封”得到他的王国。相应地，当挪威入侵苏格兰失败时，公元1266年的《珀斯条约》将挪威国王降为苏格兰国王在赫布里底群岛的附庸。到13世纪，王朝外交已经发展成为欧洲统治者之间沟通和解决争端的一种方式。统治者与他们的附庸以及他们附庸的附庸共享领主的责任和话语，从而形成了贵族政治文化。

罗马法传统不仅在古罗马各省盛行，而且成为12世纪法院和学校法律研究的基础，关于这点，我们将在下一章讨论。威尔士、爱尔兰、萨克森、法兰克、阿勒曼等地的传统习俗，对生活的许多领域——土地保有权、婚姻、对盗窃和谋杀的惩罚——进行了规范，但在促进商业和支持国家和统治者的观念方面，罗马法相当有用。公元1000年至公元1200年间，王室行政部门——逐渐地但并非总是连续地——努力将对重罪的处罚从家庭惩罚的 96
领域转移到王室司法的领域。大量家庭之间的仲裁意味着，并非所有案件都提交到王室法院，但官员们试图为王室界定死刑案件，并动员共同体提供资讯，要求他们在发现犯罪行为时高声疾呼。

处于支配地位的王室立法体系采纳了地方传统，如12世纪后期的英格兰亨利二世，或13世纪中期卡斯蒂利亚的“智者”阿方索十世的王室立法体系。伸张正义是王室的职责，也是行使权力和增加收入的机会。拥有各种头衔和身份的王室法官走遍王国，伸张正义。当地精英会提供常规公共安全和地方建议、成立陪审团并逮捕嫌疑人，而王室官员则审判谋杀、抢劫、叛国等重案，收取罚款并惩罚性地没收财产。

在我们所研究的时代后期，我们可以看到，王室法庭变得越来越复杂与精密。他们对经济事务进行立法，并通过控制货币来干预商业活动。在英国，他们检查利润丰厚的羊毛贸易，这意味着在14世纪初，国王对出口到欧洲大陆的35 000袋羊毛征收关税。随着王国的扩大，军事防御和国内管理的负担变得更加繁重；他们需要严密的中央政府和档案记录。这一时期繁荣的经济作为一种收入来源日益复杂起来，需要海关和保护主义法律的监管。经济和政治生活的参与者众多，因此有必要进行广泛协商。罗马有句格言，“凡是关乎所有人的，必须得到所有人的认可”，民众热烈呼吁在有关财政问题的讨论中派代表参
97 加，同时也呼吁国王和他的贵族就战争问题进行协商。虽然领主们身边总是有提供建议和支持的附庸，但最大的领主——国王——需要金融、法律、行政和外交方面的专业建议。为了实现这个目标，他们任命了王室事务的专门人员，但也进行协商。在欧洲各地，各国议会（*parlement, diet, cortes, landsthag*）都在发展，旨在代表政治国家的成员：贵族、教士、骑士和市民。协商范围的扩大意味着，到了15世纪，城市参与了波兰、波希米亚和匈牙利的国王选举过程。

国王被视为伟大计划的赞助人。我们已经看到，基督教王权和基督教军事行动领导者之间的联系是多么紧密：对圣地的十字军东征、在伊比利亚的再征服运动以及对异端的战争。15世纪，王室赞助的新气象同样证明了王室的领导权。从14世纪30年代起，葡萄牙国王领导了对非洲的探索，为官方航海员和制图员提供特权和特许状。到我们所研究的时期结束时，他们的伊比利亚邻居费尔南多和伊莎贝拉接触到一个怀揣千禧年

热情的商业企业计划：克里斯托弗·哥伦布寻找印度的向西之旅。当其他君主拒绝了这位热那亚商人兼旅行者史无前例的冒险时，这两位君主让哥伦布留下并支持他。作为基督教君主，费尔南多和伊莎贝拉怀有使命感，也有领导力，因此哥伦布的愿景吸引了他们。 98

第五章

交换、环境和资源

在本书中，我们已经讨论了自然资源及其用途，但现在，让我们把它们看作一个生产和交换的经济系统来重新考虑。因为在我们所研究的时代，艰苦的劳动生产出食物和原材料，在大多数情况下，这些食物和原材料维持着人口的生存，但同时也是奢侈品制造、交换和贸易的基础。例如我们在匈牙利的女性坟墓中发现了精美的北方琥珀首饰，而此地距离首饰的生产地斯堪的纳维亚半岛约1 000公里，所以在6世纪，斯堪的纳维亚半岛和匈牙利已经通过贸易联系起来。大多数地区的目标是生产日常用品，因此贸易商运输的多是异国商品，如象牙、香料和丝绸等。11世纪，一首名叫《梅里加托》的德国诗描述了神父雷金伯特通过在冰岛出售葡萄酒和蜂蜜而致富的故事。塞尔加修道院建于约公元1100年，是挪威最古老的修道院，神父们在举行弥撒仪式时，身穿由西班牙丝绸制成的法衣。

在罗马帝国金币消失几个世纪后，这种高价值贸易依赖于有限的银币库存。其中，一些黄金被制成与教堂和宫廷仪式有关的手工艺品，成为珍品，如十字架和王冠，还有一些黄金用于购买进口到欧洲的货物，最终流入穆斯林世界。在公元1100年以前的农村社会，人们很少使用货币。直到13世纪，人们才再次铸造新的金币，公元1231年皇帝腓特烈二世首次铸造金币。 99

公元1000年后，所有的经济活动都加速发展。正如我们所见，在接下来的两个世纪里，由于充足的粮食和不断增长的人口，经济、共同体和生活方式变得更加多样化。由于白银的发现，货币供应渗透到农村市场，虽然只有少量过剩的农产品，但也鼓励交换，因此小型市场和新城镇激增。由于基本食品贸易发展起来，波罗的海的粮食能够养活佛兰芒市民，大约10%至15%的欧洲人不用亲自种植粮食，可以选择购买。在城市中心，新形式的企业成长起来：家族公司、合资公司和支持商人的隐名合伙人都促进了贸易的发展，它们的影响无处不在。意大利商人主导了远东贸易，而意大利银行家则提供了战争所需的大规模融资。到15世纪，在欧洲各地设有分支机构的以家族为基础的银行并不少见：比如米兰的博罗梅奥，公元1434年起在布鲁日设立了分行，不久后又在伦敦设立分支机构。

耕地和牧场

无论经济如何多样，它总是依赖农村的基础。人们必须在耕地和葡萄园、牧场和草地等其他生产形式之间保持平衡。大多数个人和共同体面临的挑战是，生产适合的和足以满足劳动人口和牲畜以及城市人口所需的粮食。除了生产粮食外，还需要收集、开采或种植原材料，用于制作服装、搭建住所、制作家居用品和一些奢侈品市场的制成品。

人们把田地中出产的谷物制成主食，如面包和粥。用于制作白面包的小麦是一种经济作物，但是生产它们的人很少食用，而是吃黑麦面包或混合谷物面包。在很多地区，粥都是主食：
100 它由大麦粉制成，如苏格兰的燕麦粥或意大利中部的糊。在人们食用主食时，往往会伴着小份的肉类、鱼类、蔬菜和奶制品，但或许只有总摄入量的五分之一。至于肉类，匈牙利和低地国家的农民通常吃牛肉，法国大部分地区吃家禽，德意志和不列颠诸岛吃猪肉，地中海地区吃绵羊肉和山羊肉。羊奶比牛奶使用得更频繁，羊圈也因粪便的沉积而富有养分。饮用啤酒也增强了营养：由燕麦发酵产生的苦味凯尔特和萨克森褐色啤酒，以及更北和更东地区的以大麦为基础口味浓度更淡的德国啤酒。在南方，葡萄种植区的人饮用年份尚短的葡萄酒（方框4）。

方框4　葡萄酒

虽然莱茵河和摩泽尔河谷等欧洲的部分地区适合种植葡萄藤，但法国南部、伊比利亚和意大利的葡萄酒却广受欢迎。早在罗马时代，大多数当代葡萄酒产区已经确定，在随后的几个世纪里，这些地区的葡萄栽培继续发展。约公元1000年后，西北欧对葡萄酒的需求增长，因此葡萄酒贸易成为中世纪经济中活跃的一部分。公元1084年，施派尔教堂大主教吕迪格等富有进取心的主教邀请专业的葡萄种植与酿酒者在他们的领地定居，并且在他们的城市进行葡萄酒贸易。建立一个新葡萄园是一项劳动密集型工作，成本高昂，需要在山坡上挖掘梯田，种植成直角以捕捉阳光，等待三年让植物生长，并需要不断修剪和护理。大领主和修道院最有可能成为成功的酿酒师，而农民只有在付钱后，才能使用领主的榨酒机。101

相比我们今天喝的葡萄酒，当时的葡萄酒可能是一种更酸更淡的饮料，偶尔会加上蜂蜜、胡椒或肉桂的味道。富人可以享用塞浦路斯和加沙的美酒，但修道院、宫廷和城市中记录的饮酒习惯，却选择年份更短的葡萄酒，并且大量饮用。热情好客的富人会展示葡萄酒，在佳肴中使用葡萄酒，每个堂区教堂也有义务在其首要仪式弥撒中使用葡萄酒。

公元7世纪和8世纪，人们将重型犁引入中欧和北欧的大部分地区。通常情况下，由马牵着犁——虽然在英国是牛拉犁，并且一直到现代仍然如此——每张犁都配有一个能有效控制的项圈，并由金属马蹄支撑。这张犁能够在翻耕和破土的同时，深入土壤。这样的准备工作特别有利于斯佩尔特小麦的生长，尤其是在东北地区；即使在贫瘠的土壤和凉爽的温度下生长的燕麦和大麦，只要种植得深，就是非常有用的马饲料。随着经济的商业化，马也相应成为有用的驮畜，人们用马耙地，也用它们将农产品运往市场。

这些创新解释了人口是如何增长的，就像9世纪以来一些地区的人口增长一样，10世纪以来更是如此。尽管产量与现代农业的产量相比微不足道，但人类和牲畜仍有更多的食物可食用。对粮食安全供应的预期，使一些人可以选择远离土地的工作，或从事农村地区的专业职业：铁器生产、木炭制造或地产管

理。这也意味着农民能够花更多的时间改善他们社区的住房、
102 道路和排水系统。

在我们所研究的时代初期，根据季节的不同，在树林里猎取动物作为食物和兽皮，在溪流中捕鱼，提供了大量的食物。但随着时间的推移，领主——国王、修道院院长或骑士——对资源进行了更为侵入式的管理，这些资源受到更为严格的控制。在北欧很容易获得用于建房的木材，但越来越多地作为一种资源受到管理人员的监管，并为获得最高的商业回报而进行开发。

大多数地产由两部分组成：一部分是地主直接耕种的优质土地即直领地（*demesne*），其余部分则分给农奴。敞田按照条田耕种，一份持有地通常由几块这样的条田组成，因为每块条田的质量和距离都不同，这样能确保公平分配。村庄共同体制定村规，目的是确保成员相互支持：他们通常为寡妇和穷人保留拾落穗权，并免费提供食物。领主努力从农业耕作中获得更高的收入，因此他们的利益既可以与农奴的利益一致，也可以与农奴的利益对立。在约克郡的林地和波河河谷沼泽地中，领主投资了一个清理和扩展耕地的项目，农奴在清理后的土地上定居。类似地，用于保护牲畜和人的围栏和防御工事也是由领主发起，由农奴和劳动者通过辛勤劳动实现。

领主权和法律地位塑造了乡村。在伊比利亚和意大利，存在着分成种植的制度，这种制度给农民带来了很沉重的经济负担，但并不意味着失去自由。从10世纪意大利北部和中部的特许状中，我们可以看出，这种制度通常存在于农民和教会机构之间。在英格兰北部和东部，以及新开拓的波美拉尼亚和利沃尼亚，有许多自由人。在商业化程度更高的地区，农奴应得的东西

通常被折算为现金支付，这些意味着农民必须参与到产品或某 103
些家庭劳动的交换中，以便赚取货币。到我们所研究的时代结束时，西欧的农奴关系变得更加松散，许多农民和领主签订了定期协议。但中欧和东欧的情况正好相反。

不仅当地人口需要农产品，聚集了大量富人的城市和宫廷等也需要。巴黎腹地法兰西岛的葡萄酒和动物，几乎只在首都销售。到了公元1300年，为满足伦敦市场的需求，英格兰南部的一些地区开始照管林地，饲养牲畜与种植蔬菜。大约在那个时候，贵族、主教和修道院院长投资城市住宅：克吕尼修道院院长在巴黎的行宫成为现在的法国国立中世纪博物馆，而坎特伯雷大主教在伦敦的住所成为泰晤士河南岸的兰贝斯宫。

黑死病的降临带来了灾难，导致粮食需求崩溃，之后领主们选择放弃耕地，开发其他资源：捕鱼、采矿和种植大麻。这一变化极大地影响了高地地区，领主们在威尔士、加泰罗尼亚、法国中央高地、亚平宁山脉和比利牛斯山脉进行新的投资。这种变化往往会带来更密集的围栏和圈地，是对乡村共同体的伤害。

林　地

在繁忙而多样的农业经济中，农田中的粮食生产只是其中一部分。对于人类和动物来说，耕地和林地结合起来，共同创造了可持续的栖息地。虽然人们经常把林地想象成密集而黑暗之地，但这种想象只在斯堪的纳维亚半岛和欧洲东北部的部分地
区，而大部分林地是充满活力且嘈杂的。男女老少都会不断采 104
集下层灌木、蕨类植物、荆豆和掉落的树枝，用来取暖和烹饪，或用来制作茅屋顶、围栏、篮子或建房。我们应该将林地想象为由

空地点缀着的土地，并且经常与其他耕作形式共存。林地需要许多管理：剪枝助长，将树木培育到建筑所需的大小。大教堂的屋顶就展现了精心管理的木材所能产生的木材的强度和大小。

几个世纪以来，学者们一直认为，随着罗马帝国统治的衰落，欧洲向“森林”回归并屈服于它。这与我们在上文讨论过的观点很吻合，即公元400年至公元600年是一个衰落和损耗的时期。然而现在考古学和历史植物学的合作，绘制了一幅有细微差别的画面。随着国家对用于建筑和公共工程木材需求量的减少，木材的管理和使用主体发生了转变，有时这种转变是在立法者的协助下进行的，主体从地方共同体变成了以维持生计为目标的企业。由于城市居民对食物的需求下降，经许可后，一些耕地可以变为林地。同样当国家支持的矿山停止开采时，如托斯卡纳的马雷马，树木可以在旧矿坑中生长成为林地。在意大利大部分地区，人们引进了栗树，这是一种用途颇多的树：既是优良的建筑材料，又是优质的烧炭木材，还能结出可供食用的果实，果实也可以制成面包粉。它和苹果、梨、核桃一起被称为人类营养的核心。

在欧洲各地，与林地的关系以不同的速度发展。大约在公元600年，亚平宁的普拉托·斯皮拉村的村民为了种植草料而砍伐森林。由于冬天大雪会覆盖这片高地上的树林，因此他们只能在春天和夏天利用清理出来的土地放牧。用火清理树林速度很快，但也很危险且浪费资源。因此公元840年，国王洛泰尔一世在其法令汇编中禁止森林纵火，并且威胁要用拷打和羞辱性
105 剃头的方式来惩罚纵火者。用斧头清理林地虽然速度较慢，但更安全。

在林区也存在着工业，包括木炭制造和金属加工。家用壁炉中燃烧不完全或不安全的木材，如单宁酸含量高的栗子，就被转化为木炭。铁匠们利用木炭烧出锻造金属制品所需要的高温；直到后来的几个世纪，铁匠铺才成为乡村定居点的一部分。在城市，人们认为木炭比树枝和柴火更安全，所以对木炭的需求尤为高涨。领主的关系网影响了依靠林地为生的群体的生存能力：通常情况下，坎帕尼亚的栗子林有800到1 000棵树，但按照协议要求，人们必须将栗子产量的三分之一交给林地所有者。

正如我们所见，随着公元1000年后人口的增长，粮食需求量也逐渐升高。由于需要养活更多的城市人口，领主重新评估林地的面积。林地受到的管制越来越多，到了公元1200年，大片林地已经处于法律的管辖之下，它们与森林分开来，只供领主使用。国王、修道院和世俗领主都努力管理他们的林地，他们的努力催生出一个由林务员、森林管理员和护林官组成的庞大官僚体系。到了公元1300年，有一群“水域和森林的管理者”（*maîtres des eaux et forêts*）侍奉法国国王。

林地环境的管理注重可持续性和商业利润。它还为休闲和娱乐留出了空间，包括贵族及其随从选择的消遣方式——狩猎运动。打猎和诱捕是清除庄园内狐狸和野兽的常规活动，但带着鹰和狗一起打猎则是富人和有闲人的特权。训练猎鹰并用它行猎需要长期的训练和专业知识，从威尔士到马略卡，欧洲各地的研究文章都在讨论这件事。这些鹰很稀有；先由条顿骑士捕 106
猎，经过他们的训练，最后出售给欧洲的贵族家庭。

然而总有一些处于边缘地带的林地没有受到行政管理和体育活动的影响。这些地方经常出现在人们的想象中，在许多地方也吸引了另一种社会活动领域。那些描述遭遇野兽或神奇人物的故事，可能不完全是虚构的。森林是熊、狼、狐狸和野猫的家园。怀孕的母马会住在森林里，并留在那里喂养小马驹。这片森林吸引了那些想脱离尘世追求隐居的人，也吸引了那些想要逃脱法网的人。欧洲人最喜爱的英雄人物之一罗宾汉，就被想象成在舍伍德森林里避难。

水和水道

水对生活的方方面面都至关重要：饮水、食品、工业和卫生。在古罗马各省，人们仍然受益于与供水有关的公共工程：渡槽、浴缸、管道和运河。一般情况下，教堂的入口庭院即中庭（*atria*）都会有喷泉，这具有丰富的象征意义，代表着生命和纯洁，很受欢迎。溪流为人们提供洗涤用水，但生活用水供应通常是为城市和大宅设计的。与生活中的许多领域一样，在我们所研究的时代的早期，这些传统是由主教和公职人员在维护：教宗哈德良一世（700—795）维护了罗马水道；一个世纪后，勒芒主教仍然在维护本城市的水道。在保持水质方面，正如在家用物质文化的其他方面一样，修道院起到了带头作用：兰斯的里戈贝尔主教（公元743年去世）为大教堂的咏礼司铎提供管道水；大约在公元1000年，佛兰芒人的库特维克村里，每家每户都有自己的水井。洗澡并不常见，但人们经常洗脸和洗手。到了12世纪，在开
107 发生活用水方面，熙笃会修道院走在了前列：该修会有一个特点，即修道院总是坐落在河边，在流动的水面上修建厕所，污水就从其中排出。他们还推广使用水力研磨谷物和缩绒（用木锤敲打羊毛服装）。

河流很好地服务了欧洲。从北到南，从东到西，欧洲由河流相连，货物和人员可以在河流上轻松通行。波罗的海的谷物既为佛兰芒市民提供食物，又沿着维斯图拉河一路前进，内河港和海港之间形成了联系，如诺里奇和雅茅斯，这两个中心都得以繁荣。每一座大城市都有河流流经，想想巴黎、伦敦、科隆和罗马。许多桥梁建在罗马的地基上，比如佛罗伦萨的维基奥桥，还有更新的建筑，如有时被洪水冲走的用木头建造的屠宰场。城市的桥梁建筑项目往往是由统治者发起的，比如1357年开始修建的布拉格查尔斯桥，这些项目很有名望。

河流也存在着危险。在9世纪和10世纪，维京人顺着欧洲东部和西部的河流，渗透到英格兰、法国、波罗的海地区，并深入到现代乌克兰。任何入侵者，如百年战争时期的英军，都可以轻易地从海岸登陆，兵临巴黎。河流会定期泛滥；公元1194年多瑙河泛滥，这对奥地利的民众和牲畜来说都是一场灾难。人们跌跌撞撞地掉进河里，就像15世纪英格兰手稿中描绘的那个男孩，被一群奶牛赶到泰晤士河里。在英格兰东部和低地国家，人们精心安排防洪和灌溉渠道的责任。随着德意志北部和波兰新定居点的发展，这种佛兰芒人的专业知识也在那里得到了应用。 108

在乡村，领主管辖河流的进入权及其资源：有些河段是私人的，仅供领主及其家族使用，另一些河段则向其依附佃户开放。在河里捕鱼是一些人的生计和维持生活的方式，但也是一项生意。捕鱼权作为一种资源由统治者管理：伦巴第国王德西迪里厄斯（公元786年去世）将捕鱼权赐给了他的宠臣；公元798年，加洛林王朝的官员保护了法尔法（意大利中部地区）修道院修士的捕鱼权；10世纪帕维亚的一个渔民协会为自身的权利与国王谈判。

一些鱼会在海洋和河流之间游弋，比如鲑鱼，领主们就在关键河段设下网状堰捕捞它们。这个季节也和基督教历很合拍：在大斋节以及一整年的每个星期五，基督徒都不吃肉。还有来自大海的意想不到的礼物。写于13世纪的《拉克斯峡谷萨迦》将冰岛与赫布里底群岛对比，用赞扬的笔调描述冰岛的生活：那里有很多搁浅的鲸鱼，一头独角鲸可以让一家人度过整个冬天，
109 而且那里有大量的鱼，尤其是鲑鱼。

第六章

“他者”的“中世纪”

河流、道路和海岸线等交通体系以及日益普及的基督教文化，加强了欧洲的凝聚力。基督教文化的存在影响了景观——远道而来的游客会看到大教堂，尤其在北欧，高耸的哥特式建筑一度很流行；在欧洲的道路上，有穿着长袍或拴着忏悔链的人；宗教游行的歌声和摇铃声也是一种声音景观；甚至城市的气味也如此（大斋节期间，城市街道上没有烤肉的气味）。

欧洲的身份认同取决于它拒绝了什么，同样也取决于它确立了什么。因此恐惧和焦虑、仇恨和厌恶的对象，共同构成了这段历史的一部分。通过救赎说，基督教教义提供了希望的讯息，提供了一条通往救赎的道路。那些游离于基督教主体之外的人，注定要生活在罪恶中，这对他们自己和他人来说，都是一种威胁。加洛林王朝神学家和廷臣赫拉巴努斯·莫吕（约780—856）将异教神描述为恶魔，而恶魔甚至会“说服人们建造神庙……为他们筑坛，为他们倾倒牲畜和人的鲜血”。在基督教化的过程中，曾经的社会习俗被取代，但也有部分得到接纳。皈依

110 后的第一代人常常追求异教形式与基督教仪式的共存。

匈牙利领袖盖佐（公元997年去世）于公元972年皈依基督教，并强迫其民众同样皈依，但他也继续“向全能的神和各种虚假的神献祭”。正如我们所见，从公元1000年起，他的儿子斯蒂芬（公元1038年去世）开始统治匈牙利，因为他忠诚于基督教和圣母马利亚，教会将其尊为圣徒。

在欧洲的大部分地区，在我们所研究的时代的一段时间内，基督徒与非基督徒处于战争状态。群体间的差异在亲属关系模式或饮食服饰习俗方面——一夫多妻制、食用禁忌食品——显而易见，再结合暴力冲突，产生了强烈的“他者”意识。诗歌、绘画、专题论文和编年史中都记录着这种观念。曾在巴黎接受教育的威尔士神父杰拉德（约1146—约1223）写作了四部作品，讲述了看似野蛮而难以理解的爱尔兰人和威尔士人在文明的盎格鲁-诺曼政体边界的陌生感。

基督教和伊斯兰教之间的冲突在英雄史诗中得到了有力的表现，这部史诗可能与它描述的公元778年比利牛斯山脉隆塞沃战役一样古老，这就是我们所熟知的12世纪的手稿《罗兰之歌》。在《罗兰之歌》中，查理大帝和他的手下面对不同类型的穆斯林——勇敢的穆斯林埃米尔、睿智的顾问和皈依基督教的女性——常常做出鲁莽但勇敢的壮举。边境民谣和奇迹故事的文学传统利用了基督教和穆斯林军事对抗的主题，直到15世纪以及1492年最后一个穆斯林据点格拉纳达陷落，才告一段落。

然而并不是只有在边境或者在军事对抗中，才能体会到他者性。一位巴黎编年史家描述了公元1427年巴黎北部圣但尼集市期间一群黑皮肤、黑头发、极度贫困的家庭的到来。这是第一个关于起源于古吉拉特邦游牧群体的记载，人们对他们有多种称呼，如吉卜赛人、埃及人、波希米亚人或吉坦人（*gitanes*）。 111

在欧洲，基督徒和犹太人之间有着古老而又复杂的联系。犹太人生活的基础是《旧约》，这也是基督教的神圣文本。4世纪末，圣热罗尼莫（约347—420）将这些希伯来语文本翻译成拉丁语，为基督徒提供了关于基督教历史的预言：亚伯拉罕献祭以撒，预示了耶稣死在十字架上，而燃烧的灌木丛是圣母马利亚贞洁形象的基础。奥古斯丁将圣典视为犹太人和基督徒之间的纽带，并主张宽容帝国内的犹太人，让他们见证最终基督教的真理和未来的皈依。

犹太人生活在罗马城市中，见证了基督教的兴起。当蛮族统治者为他们的基督教王国颁布法典时，他们有时会加入关于犹太人的条款。在西班牙，西哥特统治者对犹太人的态度已然成为王朝政治的一部分。公元589年，雷卡雷德容忍犹太人的存在，但他的继任者西塞布特对犹太人的劳动和生计实行了严厉的经济限制。公元681年，国王雷克斯文思要求犹太人皈依基督教，否则就会被流放："无论是谁，都要剃光头，挨一百下鞭子，并支付流放所需的费用。他的财产将移交给国王。"几十年后，随着穆斯林征服伊比利亚，他们对犹太人和基督教徒相对宽容，废除了这项立法。

到了公元1000年，经济和城市的发展吸引了来自南欧的犹太人，他们沿罗讷河和莱茵河定居。在那里，他们从事农业或成为工匠，或成为金属和纺织工人。在这几百年里，在激烈地进行着神学辩论的学术中心，人们对犹太人有了新的思考方式。随着基督教机构野心的增长和影响力的扩大，哪些人游离于基督教社会（*societas christiana*）之外，已经变得越来越明显。公元1096年春天，武装朝圣者在前往耶路撒冷“解放”基督墓的途中，经过莱茵兰地区的城市，他们认为犹太人是“弑基督者”，因
112 此朝圣者屠杀了数百名犹太人。

在许多新的修道院和大教堂学校里，人们对基督教的基本概念进行辩论：日后的坎特伯雷大主教安塞尔姆修士问道：“上帝何以化身为人？”（为什么道成肉身是必要的？）法国北部图尔奈主教康布雷的奥多（1050—1113）问道：“圣母马利亚会受到原罪的影响吗？”特立独行的巴黎哲学教师皮埃尔·阿贝拉尔（1079—1142）问道：“在判断人类行为时，意图的作用是什么？”对于那些深刻思考基督教的人来说，犹太人是一群专门的辩论对象：他们精通《圣经》，但能抵抗基督教的吸引力。

犹太人否认道成肉身，拒绝童贞女生子的概念，将三位一体的信仰视为偶像崇拜的一种形式，并对水、面包和酒的神圣力量感到困惑，因此这样的辩论导致基督徒和犹太人之间的论战。人们激烈地争论着犹太人的观点，有时甚至觉得他们与穆斯林和异教徒一样。克吕尼修士尊者彼得（约1092—1156）写作了相关作品，批评犹太人、穆斯林和瓦勒度派异教徒；我们已经讨论过彼得·阿方西，他敌视穆斯林和犹太人。

在知识领域之外，王室和贵族宫廷以及官僚们也对犹太人进行了思考。对犹太人及其家属独特的法律和经济控制，使得王朝从中受益。在欧洲的大部分地区，统治者鼓励犹太人提供信贷和抵押贷款。在公元1244年的一份宪章中，奥地利腓特烈公爵保证犹太人的一项权利：他们有权获得未及时偿还者的抵押品，并做出承诺，要为犹太人捍卫此类抵押，以“反对暴力”。

在英格兰和法国，国王把犹太人置于郡守和总督的保护下，这样犹太人发达了，相应地国王也能分享他们的利益。

国王也有其他考虑，可能会屈从其他影响：有影响力的大贵族抱怨他们欠了犹太人的债，希望将犹太人驱逐出国，甚至采 113
取更残暴的手段；或者从13世纪初开始，教会的新分支也对国王施加了压力，如充满活力的方济各会和多明我会。这些传教士通过重述耶稣受难的戏剧故事，激发平信徒的宗教献身精神。这种参与式的虔诚使犹太人成为“弑”上帝者，也成为当代基督徒的敌人。人们发明了新的叙事，指控犹太人谋杀儿童并亵渎基督教圣物。在圣周期间，由于频繁的布道与公众游行和宗教戏剧，人们的感受尤其强烈。

托钵修士通常是王室的私人神父和忏悔神父，他们会游说国王，国王也有维护其领地法律和秩序的愿望，同时从犹太人提供的服务中获益，因此国王经常在这两者之间摇摆不定。相应地，犹太领导者会恳求国王，提供礼物作为甜头，以避免遭受驱逐或虐待。因此不同的统治者对犹太人的政策大不相同，主要取决于统治者的性格和他们面临的挑战：英格兰国王亨利三世曾经非常积极地试图改变犹太人的信仰，但公元1290年，他的儿子爱德华一世屈服于骑士和教士的压力，将犹太人驱逐出英格兰。公元1304年，犹太人被驱逐出法国，后来又返回，并于公元1394年再次遭到驱逐。阿拉贡国王佩德罗四世（1319—1387）保护犹太人共同体，这为他的地中海战争提供了资金；而在14世纪70年代，有人对犹太人提出了毫无根据的亵渎圣礼指控，他的儿子胡安（1350—1396）却支持这一指控。

在黑死病期间，有人指控犹太人在井中投毒，此后驱逐行为更频繁了。在14世纪和15世纪，犹太人的定居点不断迁移，其轨迹与政治避难和经济机会相关，从西欧向东流动，在波希米亚、波兰-立陶宛建立了大的社区。公元1492年，西班牙驱逐犹太人的世纪结束，正是在这个世纪里，发生了欧洲犹太人状况最
114 戏剧性的变化。14世纪90年代，伊比利亚城市的暴力导致10多万犹太人大规模皈依。这些“新”基督教徒诞生于洗礼之水，然而基督教徒却避免与“新”基督教家庭结婚，仍然对这种“皈依”怀有疑虑。局势十分紧张，据称一些皈依的教徒仍然秘密地同情他们祖先的信仰，卡斯蒂利亚的国王们建立了自己的地方宗教法庭，负责调查这些“皈依”的教徒。这种不信任的断层变得十分尖锐，因此卡斯蒂利亚和阿拉贡联合王国的天主教君主费尔南多和伊莎贝拉下令将犹太人驱逐出王国。

就这样引起了一次全球大流散。奥斯曼帝国的统治者收留了西班牙的犹太人，将他们安置到北非酋长国和意大利城市定居。他们保留了西班牙犹太人的语言——拉迪诺语（*ladino*）——它很快成为全球通用的欧洲方言。几十年后，穆斯林皈依者即摩里斯科人也被驱逐出境。

在那些犹太人少的地区如斯堪的纳维亚半岛，或那些将犹太人驱逐出境的国家如公元1290年后的英格兰，即使犹太人已经不复存在，他们仍然出现在欧洲人的想象中：出现在对耶稣及其母亲生活的叙述中；更重要的是，出现在耶稣受难的描绘中。在每一次基督教仪式上都有《希伯来圣经》，通过《诗篇》引导基督徒经历快乐和苦难。欧洲与其最亲密的相邻“他者”之间
115 的关系，是一种仇恨、恐惧和迷恋的结合，这是它的特征。

第七章

日常生活中的“中世纪”

在抵达旅程的终点时，让我们一起思考一些我们视为理所当然的“中世纪”遗产。

大　学

正如我们所见，在大教堂、宫廷、修道院和城市学校中，学习内容广泛多样，这在很大程度上要归功于罗马的人文课程。修辞学、逻辑和语法、算术、几何学、音乐和天文学的综合研究，为理解和描述世界与世事提供了基础。大教堂的学校以及个别教师都吸引了学生。在皇帝、国王和教宗们的支持下，12世纪见证了研究中心的进一步专业化。

那时所有的意大利城市都有培养公证人的学校。至少从11世纪开始，帕多瓦、萨莱诺和博洛尼亚的学校就已经开始提供医学和法律方面的专业培训。好的学校吸引了远道而来的学生，他们的需求激发了“大学”形式的发展。公元1155年，腓特烈·巴巴罗萨皇帝授予博洛尼亚的学校一系列特权，由此这

些学校成为“大学”。这些特权允许学生——主要是外国学生，
116 他们希望确保自己学习期间的安全和学费物有所值——组建一个勉强算是行会的组织。这一特许组织监督教学时间和教学质量，决定教学报酬水准。

巴黎大学诞生的方式有所不同。自12世纪初，法兰西王国首都的圣母院大教堂逐步成为著名的人文学校。在距离它不远的塞纳河左岸，有着许多重要的学校，它们吸引了来自欧洲各地的名师和大批学生。最著名的是皮埃尔·阿贝拉尔，他完善了我们称之为辩证法的方法：通过正式讨论对立的两面，来分析探讨哲学命题。学术环境卓有成效，法兰西王国王室的雄心壮志也是如此：像贸易促进发展一样，他们通过学校提升首都的地位。法王腓力二世（1165—1223）授权创建一个大学，即一个有权管理学生生活的教师行会。公元1231年，教宗认可巴黎大学，并确立该大学为“一切知识的父母”（*parens scientiarum*），这个世纪后期，一位传教士将巴黎描述为“一座磨坊，其中上帝的所有小麦都磨成了全世界的营养之源”。巴黎大学最出名的首先是人文学位，通过讲座和辩证性辩论传授基础文本，然后是它在神学上的卓越地位。因此巴黎吸引了来自欧洲各地的学生，他们不同的生活方式和彼此的竞争，导致大学组织分成四个群体：法兰西人（法兰西中部和南部以及伊比利亚）、皮卡第人（法兰西北部和佛兰德）、英格兰人（英格兰、德意志和斯堪的纳维亚）和诺曼人（包括布列塔尼）。

英格兰的许多城市自11世纪起就有了学校，但为了获得最好的高等教育，12世纪的英格兰学生都蜂拥到巴黎。公元1167年，亨利二世禁止英格兰学生在巴黎学习，此后许多英格兰、苏

格兰和其他北方地区的学生在牛津的学校定居，公元1209年起，开始有学生在剑桥定居。几十年后，经教宗训令批准，两地的学校都成为大学。

得到认可的大学不仅可以颁发学位，还可以提供教学许可证，让教师在欧洲的任何地方任教。大学提供医学、教会法（基督教教规）和民法（罗马法）方面的最高水平培训，直到博士等级。经过训练的人成为国家和城市的官员：外交官、法官、税务员、教会主教，甚至教宗等高级教士。在这里，我们再次见证了这样一种机构：它在很大程度上依赖于城市生活和教育的悠久传统，其基础课程依赖于古典学的知识。

几千名学生的到来，使大学所在的城镇活跃起来，他们需要住宿、食物和书籍。学生们住的宿舍可能由私人经营，也可能由隐修士或托钵修士所在的修道院经营。13世纪末，人们在巴黎人发明的基础上改良，出现了大学学院。起初学院是一个慈善机构，资助贫困学生获得更高的学位。每所学院都由创始人捐赠，有图书馆、餐厅、宿舍和小礼拜堂。学者社团一起学习、吃饭、祈祷，甚至常常一起做出越轨行为。这些学院中最著名的是剑桥的国王学院，它在公元1441年由亨利六世创办，目的是培训王室小礼拜堂的人员。学院举世闻名的唱诗班仍然常驻小礼拜堂，这是一座宏伟的建筑，怀着感激之心的学者们在这里为他们恩主的灵魂祈祷。

从14世纪中期开始，国家行政部门对训练有素人才的需求与大学的位置和规模之间的联系变得更加明确。资助学术会带来声望，这种声望与需求结合起来。因此公元1348年，查理四世皇帝（1316—1378）创立了布拉格大学；公元1364年，波兰国王卡齐米尔三世（1310—1370）创立了克拉科夫大学。君主们纷纷效仿，建立为自己地区服务的大学：米兰的统治者加莱亚佐二世·维斯孔蒂（约1320—1378）于公元1361年创立了帕维亚大学；公元1472年，洛伦佐·德·美第奇组织佛罗伦萨大学迁至
118 比萨。

在南欧，大学是市民和专业团体，由宗教和世俗人士组成，而在北欧，大学则是教会机构。在北方的大学里，学生和教师都是神职人员，教宗试图控制教学内容，偶尔还会以审查员的身份介入教学。即使是古典作品也可能受到影响：公元1210年，教会裁决亚里士多德的一些科学著作有罪，而在13世纪70年代，当人们正遭受着异端调查的痛苦时，教会试图禁止某些论题，比如“上帝只了解自身”。但是与大多数侵犯学术自由的举措一样，最后这些尝试都没能成功实施。事实上，正是萨克森维滕贝格的新大学（成立于1502年）传播了马丁·路德（1483—1546）对基督教的新诠释，引发了欧洲宗教生活的重大变革。

大学教学以讲座的形式进行，教授们评论核心文本：几何学、修辞学、哲学或神学。手稿上的插图显示，当时的教室也是有层级的，很像一个现代演讲厅，教室里坐着一排热心记笔记的人，旁边是无聊的或沉浸于聊天的学生。和现在一样，毕业生会获得文学学士的学位，而那些巴黎大学或牛津大学的毕业生，有望谋到一个堂区职位、教学或家庭教师的工作、王室管理职位，或者服务于市议会。他们的技能是沟通和记录：起草信件、保存官方档案或撰写布道词。少数人继续攻读法律、神学或医学等更高级学位，得到高级学位之后，他们可以担任高级教士、私人医生、王室或王子的随从。能否取得职位取决于资

助人，一些毕业生需要等待数年才能获得一个永久职位。毕业生也会运作校友网络，创造途径进入朋友或亲戚已经涉足的职业。那时和现在一样，大学期间也是刻苦学习和纵情欢愉的时期。音乐和暴力，性体验和讽刺，正是以大学为源头混合而生 119
的。学生们似乎常年贫困，于是他们学会了用令人心碎的文字给朋友和赞助人写信，寻求他们的资助。他们经常喝酒，也经常唱歌。

在大学里，学术文化和青年文化相遇。在成长阶段建立起来的友谊，对男人来说受益终身。文学学士都受过统一的基础拉丁语训练，这意味着全欧洲受过教育的男性不仅共享专业语言，还共享知识习惯和工具。这些将非常实用：一种熟悉的写信方式，一些家喻户晓的受欢迎的古代道德寓言，或者处理问题和寻求解决办法的方式。这种一致性是19世纪受过良好教育的人的特点。一旦女性和其他弱势群体进入高等教育，一旦20世纪的民主政治对大学课程结构提出质疑，一旦科学教学的要求改变了师生关系，传统必然会转变。事实上在大多数现代大学中，传统已经改变，但并非彻底面目全非。

大学促使一些年轻人离开自己的家乡，过着贫困的生活，做着抄写员、秘书、神父等零工。学生们获益于技能和人际关系，因为在各类职业中，它们具有高度的可转移性和实用性。要成为一名学生，他们需要一位赞助人的支持——当地的主教、他们出生庄园的领主，或者一位富裕的亲戚——但许多学生都很穷，不确定自己未来的前景。社会上最杰出的人并没有送他们的儿子上大学，然而大学里却充满了聪明活泼的年轻人。即使是一两年后辍学的学生也接受了足够的训练，足以谋生。这些学习

机构孕育的青年文化，以及它们提供社会流动的可能性，并没
120 有改变。

印刷书籍

尽管现在我们大部分阅读是在屏幕上完成的，但我们仍然热爱书籍，并且无疑会继续爱下去。在我们讨论的时代，书籍开本是最杰出的发明之一。古代世界使用泥版和易于擦除的蜡版表面刻字。古希腊罗马人也使用耐用的软质材料制成的卷轴，如干燥地中海地区的纸莎草。但是抄本——可以翻页的书籍——是一项与基督教传播有特殊关系的发明。

书开始代表基督教，一种以《旧约》和《新约》为基础的宗教。在基督教传统中，人们习惯以手持书的形象来表现基督教的核心人物：福音传道者——马可、马太、路加和约翰——或教父奥古斯丁。在保存和使用《圣经》、礼拜和私人奉献中，越来越多地使用书籍形式。在皈依时，教会给统治者提供一些珍贵的礼物即福音书，比如华丽的《圣奥古斯丁福音书》，这就与从罗马派往英格兰的传教有关。

书籍不仅有用，也充满象征意义。公元1000年之前，绝大部分书籍都在修道院和大教堂的图书馆以及宫廷中。但宫廷通常是巡回的，一年四季在不同的地点之间往返，因此人们把重要的书籍放在箱子里运输，由神父看管。这些书得到保护和尊敬，有着象牙、贵金属或皮革制成的昂贵封面，通常镶嵌有宝石和珍珠。在修道院食堂吃饭时，在贵族的大厅聚会时，私人小礼拜堂
121 的神父会放声朗读书籍的内容。即使到了我们所研究的时代末期，书籍也很稀少，而中世纪印刷术的发明，将永远使书籍变得

普遍、可见和可及。

那些与宗教有关的书，或与富人和有闲人的娱乐有关的书籍，往往装饰得很奢华。13世纪的圣母马利亚的奇迹手稿，正是应卡斯蒂利亚国王阿方索十世（1221—1284）的要求制作的，优雅的加利西亚语的韵文刻在书页上，书页上还装饰着大量的文字配图以及唱诗的注释。现存的数千本以工作为导向的书籍，则远远没有这么华丽：大学教科书，堂区神父的教牧关怀手册，或有关法律与医学的书，以及在用的《圣经》。这些书通常用较小的字体抄写，有时是潦草的连笔字体，没有任何装饰。这些与工作有关的书，特别是从13世纪开始，通常附有索引和主题检索体系，直到今天我们仍然很欣赏这种体系。他们将章节题目处的颜色标记——称为标题，通常用红色墨水标记——与页边空白处排列的注释和评注结合起来。观察这些辅助形式，并思考它们如何被数字化后转到我们的屏幕上，这些都很有趣。

制作书籍很费劲，羊皮纸和墨水也很昂贵——约公元1300年，一本小部头《圣经》需要使用35张动物皮——因此只有少数社会和专业团体才有可能拥有它们。书籍非常珍贵，书的主人甚至会立遗嘱将它们遗赠，在家族中代代相传。当书籍包含彩饰和绘画时，它们会特别昂贵，许多宗教书籍也是如此。专业宗教人士和有学问的世俗大众对书籍的需求，促使工匠们研发出高效的复制方法。银匠是贵金属雕刻方面的专家，在这条路上他们引领潮流。约翰·古腾堡（1395—1468）是美因茨市的一 122
位金匠，也是一位企业家，他尝试了许多与当时宗教文化相关的创新项目。他发明的金属活字印刷具有非常重要的意义。公元1455年，他印刷了第一本《圣经》。

接下来的故事都是历史了。

歌　曲

在融合了拉丁语和本地语、宗教和世俗、北方和南方传统的基础上，两部创作于14世纪的雄心勃勃的诗集已经成为全世界文学的经典。它们都是诗人的眼光与我们正在研究的几个世纪以来积累的大量文学、神学、政治和科学知识相互作用的结果。两者都是满怀雄心的作品，都被认为是用本民族语言为文学表达媒介的完美成果，但丁·阿利吉耶里（约1265—1321）的《神曲》使用托斯卡纳语，而杰弗里·乔叟（约1343—1400）的《坎特伯雷故事集》使用英语。这两部诗歌都围绕着一段旅程展开：前者是但丁在诗人维吉尔的陪伴下，穿越地狱、炼狱进入天堂；在乔叟的作品中，则是一群朝圣者从萨瑟克前往坎特伯雷的圣托马斯·贝克特教堂。两者都以自己的方式深入思考人类的价值和脆弱，思考模范人物激励和提升他人的力量。

我们所研究的时代的诗人继承了好几种传统。从古代开始，他们继承了战争、爱情和权力的宏伟史诗传统，其中最伟大的是维吉尔的《埃涅阿斯纪》，每个接受拉丁教育的孩子都知道这部史诗；《圣经》引导了赞美诗的丰富结构和意向，诗歌成为所有宗教人士和许多参加宗教活动的世俗大众的日常礼仪。在整个欧洲尤其是冰岛、爱尔兰和威尔士，口头诗歌的传统与古典和《圣经》的传统交织在一起。安达卢斯创造了一种精致的阿
123 拉伯语诗歌文化，其声音和节奏反过来启发了犹大·哈列维（约1075—1141）的优秀希伯来诗歌，并影响了欧西坦语游吟诗人的音乐。史诗传统是用本地语言叙述英雄事迹，如《罗兰之歌》，

并取悦贵族观众。

自12世纪初起，处于法兰西和西班牙之间的欧西坦尼亚为诗歌和歌曲奠定了基调，成为此后诗歌的借鉴对象。诗歌和音乐结合在一起，主题是爱。人类的情感、人类的思想和人类的声音，在游吟诗人的作品中汇聚，他们唱着充满痛苦和渴望的爱。在欧洲文化以及后来的世界文化中，欧洲情歌流传了约一千年。这些情歌的创作者有专业人士，也有业余爱好者；有男性有女性；不仅体现在书面，也活在表演中：歌手和歌曲，如迪伦和贝兹，男游吟诗人（*trubadour*）与女游吟诗人（*trobairitz*）。

与此同时，人们将欧洲的宗教知识从拉丁语翻译成本民族语言，丰富平信徒的生活。12世纪，英国修士用拉丁语精心编写了圣母马利亚的奇迹，在下个世纪，人们将它翻译成英格兰、普罗旺斯、卡斯蒂利亚和法兰西北部的语言，后来又翻译成冰岛语和匈牙利语，并改编成歌曲。

在法兰西南部的伯爵和公爵的宫廷中，在与穆斯林西班牙不断接触的地区，在一个充满战争、领主权和分裂的世界里，“渴望之歌”高超地融合了文字和音调。在稍晚时期的法兰西北部和英格兰，受过拉丁语教育的男性创作歌曲，表达对女性的尊崇和物化。这发展成宫廷爱情的文化风格，在这种文化中，女性是欲望的对象，受男性争夺：冷漠甚至残忍。在宫廷和歌曲的世界里，女性是情歌的主要赞助者和推动者。宫廷爱情是虚构的，充 124
满了渴望，但它影响了男女之间的一些互动模式，包括求爱的礼仪和浪漫的方式。在现代文化的许多流派中，我们仍然能看到宫廷爱情的影子。

以不列颠人亚瑟王形象为中心的英雄故事，留下了丰富的遗产，并以各种语言传遍整个欧洲，而诗歌和歌曲与之紧密结合。诺曼人征服英格兰后，人们对英国的起源和种族有了更高的认识，在这个多民族的土地上，不列颠的传统被改写成历史。蒙茅斯的杰弗里（约1100—1155）以威尔士和拉丁的资料为基础，写作了《不列颠诸王史》，描述了从特洛伊战争后定居不列颠的特洛伊人到亚瑟王时代的复杂世系，创造了一种历史叙事。

宫廷启发了人们的生活方式、宗教和文化趋势，并影响了人们的礼仪。宫廷也是产生和展示奢侈品和文学作品的中心，尤其是那些适合朗诵和表演的诗歌，有时为了娱乐男女观众，也会进行演唱。宫廷内的人开始扮演亚瑟王传奇中的角色，模仿书中描述的斗争、社交、相思和性别角色。人们开始用亚瑟王传奇中的名人亚瑟、兰斯洛特、吉尼维尔的名字命名，并围绕他们设计格斗和庆祝活动。

几个世纪以来，这种欢愉只是欧洲精英的特权，但在20世纪，它激发了一个全球性的娱乐空间。中世纪浪漫的宫廷歌曲为全世界的青年提供了求爱、渴望和自我理解的语言。现今，宫廷歌曲还通过角色扮演、游戏、文学和电影填补了大量的想象空间。

125 现在，你们知道这是怎么一回事了吧！

索　引

（条目后的数字为原书页码，见本书边码）

A

B

C

D

E

F

G

H

I

J

K

L

M

N

O

P

R

S

T

U

V

W

Y

Miri Rubin

THE MIDDLE AGES

A Very Short Introduction

Contents

Acknowledgements

An invitation to write a *Very Short Introduction* is an honour and an opportunity. It is also a daunting task. Much of what I have learned from historians past and present has gone into the making of this book, as have insights gained in answer to students' questions. Oxford University Press asked five experts to judge the proposal, and two colleagues read the final draft: I am full of appreciation for the advice of these anonymous collaborators. Several generous friends provided useful opinions, crucial information, and a few even commented on the whole text with critical insight and encouragement. Among them are Matthew Champion, Peter Denley, Emma Dillon, Yaniv Fox, Yitzhak Hen, Eyal Poleg, Magnus Ryan, Chris Sparks, Gareth Stedman Jones, David Wallace, and Simon Yarrow.

I am most grateful to the dynamic team at Oxford University Press—led by Emma Ma—for their guidance and professional support, and to Dorothy McCarthy who worked on the final text so carefully.

I dedicate this book to my dear friend and historian extraordinaire, Shulamith Shahar.

List of illustrations

List of maps

Introduction

This *Very Short Introduction* will offer two approaches to a fruitful engagement with the long period of European history known as the Middle Ages, ranging from around 500 to around 1500.

The term Middle Ages—the French *Moyen Âge* or the Italian *medioevo*—speaks of a sole 'Age', and this is misleading. The concept of an 'age' fails to capture the fact that we are dealing with a vast territory over a long period in constant transformation. As we explore continuity and change we will find that Europe did not live to a single rhythm over this period. While there was vibrant city life in Italy, Iberia, and southern France from early in the period, substantial urban centres and commerce developed in England and France only in the 12th century, in Bohemia in the 13th, and in the Baltic regions only in the 14th. Similarly, Europe's regions became Christian at different times: Rome with its ancient Christian communities, the Franks from *c.*500, Iceland *c.*1000, and Livonia in the Baltic region, in the 1300s. If we think of religious change, then the parish system reached most Europeans after 1200; if the rhythms of agrarian life are considered, then many aspects of our period remained in place until the 18th century.

As we shall see, during our period several cultures and peoples came into contact—always learning from each other; they sometimes clashed, and ultimately blended. There was the heritage of the Roman Empire with its city life, its Christian intellectual heritage, its concept of citizenship, its trade, and its principles of election to public office in service of the common good—*res publica*. And there was the growing influence of the values and capacities of the kin-based societies of the Germanic peoples—barbarians, to medieval people 'bearded ones'—who at the beginning of our period were already long-standing neighbours and even members of the Roman Empire. Add to that the impact of the spread of Islam in the Mediterranean countries from the 7th century, and the role played by Islamic Europe in shaping politics and disseminating whole areas of knowledge, and our period emerges in its complexity. As these forces were at play European lives were shaped through all manner of human exchange and interaction: conquest, conversion, imitation, legislation, and persuasion.

Even the word Europe is far from fixed. I shall use it to describe the westernmost part of a vast continental mass, an area in which a shared Christian culture came to prevail among an ever growing group of polities and their people, and whose genealogy is linked to the later Roman Empire. Its kingdoms and peoples formed an interlocking commonwealth based on an integrated economy, a universal framework for religious life, with an intellectual elite that communicated in Latin, and a secular elite bound by marriage, diplomacy, war, and lifestyle.

Europe's people and places interest us above all. Since the early-20th century historians have sought to make history more inclusive, to reach people and phenomena largely ignored by previous historians. French historian Marc Bloch (1886–1944) has taught us how to study agrarian societies in their great variety and dynamism; Jacques Le Goff (1924–2014) showed how rich was the intellectual and commercial life of cities. In their wake many other historians have helped make these centuries of European history diverse and challenging. Alongside kings and queens, bishops and nobles we now consider intellectuals and peasants, merchants and women, Jews and nuns. We also attend to the materials they used and the shape and sounds of their environments. From these arise norms and transgressions, continuity and change, the constraints and vulnerabilities of people's lives, alongside opportunity and aspiration.

If you are about to study history at university, or have become interested in the European past through travel, film, or fantasy literature, then you will have come across the term Middle Ages; hence we use it here. But we should not do so without testing its origins and assumption. That is how we will begin this *Very Short Introduction.*

Chapter 1
The 'Middle' Ages?

The 'Middle' Ages: what's in a name?

Like many European concepts the Middle Ages is one which eventually reached all parts of the world, shaping how people think about Europe and its people. The 'Middle Ages' is in reality an awkward term with which to explore the centuries between 500 and 1500. It suggests that this was a time of arrested motion, a time between two other important epochs that define its middle-ness.

Those who coined the term Middle Ages possessed a tremendous sense of their own worth and good fortune as members of a later age. *Media aetas*, that is, Middle Age—was first used by the poet Petrarch (1304–74), followed in the next century by statesmen and historians like Leonardo Bruni (*c.*1370–1444) and Flavio Biondo (1392–1463). These were men of politics and letters who fostered a style consciously engaged with the study of classical texts and ideas, with humanism, as they called it. They celebrated their times and their cities, and above all each other.

Leaders, preachers, and public intellectuals often announce the dawning of a new age. These are not idle statements, but nor are they claims that historians need accept at face value. Humanists like Bruni were proclaiming a particular style of Italian civic living, which enabled artists, poets, architects, and history-writers to refine their skills within courts and cities, with Tuscany as their epicentre. They were privileged communicators of the cultural treasure that had been Rome's, a culture lost—so they claimed—with the demise of Roman institutions, often marked by the removal of the last western Roman emperor in 476.

Such men came to be known as humanists, intrepid raiders of the treasures of antiquity, hitherto obscured to generations of people living in the 'Middle Age'. This self-awareness—which they were able to express thanks to the patronage they received from princes, popes, and noble families—was displayed with bravura in the poetry and letters they wrote to classical rhythms, and within palaces inspired by the buildings of ancient Rome. When the first history of the period's great artists was written by Giorgio Vasari (1511–74), he saw the rebirth of classical standards as a welcome change after the 'Gothic' age with its soaring pinnacles and pointed arches (Box 1).

Box 1 The Gothic style

The Gothic style in architecture is one of the most enduring inventions of our period. It emerged c.1140 in France—at the abbey of St Denis, at Chartres and Sens cathedrals—and over the subsequent decades spread throughout the whole of Europe. It is a style which values great height and the sense of loftiness, its builders sought to embed large sections of windows in walls, and thus to let in light, beautifully coloured by the tinted glass. The Gothic building was like a canvas for sculpted, painted, and glazed decoration: and all this height and light was meant to inspire and lift the viewer towards contemplating divine things. The Gothic style spread through the work of French artists, in Westminster Abbey in London, and in St Vitus' cathedral in Prague, but many regions—from Sweden to Cyprus—created their own versions.

The Gothic also influenced secular buildings: castles, palaces, and town halls, like the magnificent town hall of Brussels. Italy alone, with its powerful classical tradition and its distinctive local political cultures, was able to resist the allure of the Gothic.

The humanists sensed they were witnesses to the rebirth—*rinascimento*—of classical ideas and practices that had been corrupted during the middling period. Hence the term Renaissance, used since to describe their passionate interests in the culture of antiquity. The men who coined 'Renaissance' were also convinced that Italy was unique in the excellence of its scholars. In reality scholars and readers from all over Europe participated in the Italian literary culture, widely available thanks to the recently invented print.

So let us set aside the 'Middle Ages' and 'Renaissance' as historically descriptive terms, and note the recurring utility of the 'Middle Ages' as a point of reference for people and places in different times.

Medievalism

The way we think about Europe between 500 and 1500 is not only marked by the terms 'Middle Ages' and 'Renaissance'. It is also influenced by the availability across the globe of traces of later revivals, appropriations, and introductions of aspects of the 'medieval' into public life. The aesthetic values of pre-modern Europe were appreciated in a particularly intense manner in the 19th century. This was for some a reaction against the 18th century Enlightenment whose thinkers emphasized the importance of reason in guiding human affairs, and considered earlier times as 'barbarous adventures under barbarous names'. 19th century medievalism sought in that past the values of community—before the rise of commercial society and the global markets—and of spirituality, guided by religious faith. Those who opposed the French Revolution and its bloody aftermath often celebrated the qualities of the old European order, the *ancien régime*—traditional monarchy and established church—as enduring forms of European life, to be cherished—in England or Prussia—or restored, in France.

Madame de Staël (1766–1817), a romantic novelist and commentator on the French Revolution, celebrated the Germanic roots of European civilization in the aesthetic of the Middle Ages. Similarly, historian Thomas Carlyle (1795–1881), in his *Past and Present* of 1843, advocated a new post-Christian 'gospel of work', inspired by what he perceived as the ethos of cooperation and labour in medieval monasteries. In the decades which saw the explosion of industry and the coming of railways to large parts of Europe, and with them both opportunity and human misery, the medieval past offered an image of a world lost, a more manageable society which lived at a humane pace and on a more human scale. The designer and social thinker William Morris (1834–96) sought to capture the qualities of craft labour in his emulation of medieval carving and painting. His was not a yearning for Catholic religion, but for village life, where granaries were the true cathedrals of the people.

There was a notable revival in Catholic activism and building throughout Europe too. When liberal constitutions and reforms removed centuries-old limitations from Catholic citizens, as in England with the Emancipation Act of 1829, new cultural forces came into play. And so, a Catholic convert like Augustus Pugin (1812–52), son of a French émigré, had his hands full with commissions for Catholic cathedrals, chapels, and seminaries in England, Ireland, and even as far as Australia. The Oxford Movement combined the enthusiasm for medieval values with a call for religious reform and the introduction of rituals that the Reformation had dismantled. In France, Catholic worship, abolished during the French Revolution of 1789, was soon restored. Subsequently, the French state sought not to destroy the ancient Catholic heritage but to restore it as part of the nation's history. Large projects financed by the state rebuilt—and often embellished—'Gothic' buildings, most famously the cathedral of Notre Dame in Paris, with its pinnacles, statues, and gargoyles.

Medieval revival was not only a reaction against republican or democratic politics, or the product of Catholic patronage. It also echoed the desires of those who fostered national identities and their expression in nation-states. Nations were understood as being bound by language, history, and landscape, and intellectuals associated with what has been called romantic nationalism—in Germany, Poland, Hungary, or Norway—sought the roots for 19th century national identities in the past. Composer Richard Wagner (1813–83) identified the essence of Germanness in the ancient heroic narratives, which were turned into a poetic cycle in the late-12th century, the *Nibelungenlied.* In France, the architect and conserver Eugène Viollet le Duc (1814–79) led the preservation of medieval abbeys and cathedrals destroyed during the Revolution as part of a national heritage, for every nation needed a clear sense of its past. The novels of Walter Scott (1771–1832) were widely known throughout Europe; they used medieval settings as a frame for the exploration of courage, ingenuity, and ideals of chivalric masculinity. In England, the present was seen as linked to an Anglo-Saxon past through an unbroken tradition of law and nationhood. When the design for rebuilding the Houses of Parliament was sought through public competition in 1836, the Gothic vision of Pugin triumphed, inside and out. The legislative home of English democracy in an age of reform and industry was associated with the age of Magna Carta (1215). In the 20th century an imagined rural Middle Ages of the 'shire' inspired the works of J. R. R. Tolkien (1892–1973)—a professor of medieval English literature—while C. S. Lewis (1898–1963) explored Catholic and medieval themes in his allegorical works, which have become children's classics also loved by adults.

For all these reasons the 'Middle Ages' form a point of reference from which we moderns fashion our identities and conduct our polemics. Hence the many complexions it can assume: the 'medieval' has been associated in turn with socialism and arch-conservatism, with the cohesion of trades unions and the bombast of royal ceremony. The medieval can serve to animate the identity of oppressed minorities, but also the fantasies of expansion and empire-building. It is a legacy and an opportunity; it offers inspiring examples alongside ones to be avoided at all cost. The Middle Ages is always with us—in the design of our cities, in the treasures of our museums, in music, fantasy games, literature, landscape.

Rome and its afterlife

The achievements of the 15th century, so celebrated by humanists, were the continuation of a much longer tradition, which led Europeans to confront—sometimes to reject and often to emulate—the classical cultures of Greece and Rome (Map 1). Antiquity gave rise to diverse religions, philosophies, styles in art and governance, in republics and empires. And between roughly 500 and 1500 this intellectual heritage was explored through reading, copying, and commentary. As they probed that heritage Europeans also imprinted their own stamp upon Latin poetry and prose, Greek medicine and political theory, and on music and architecture too. All spheres of European life—law, theology, political thought, care of the body, religious rituals, and even land tenure—were imprinted by a Roman lore appropriated to varying degrees of imitation and adaptation.

A living classical tradition endured above all in the spheres of governance and religion. The late antique Roman Empire was a Christian polity. This resulted from the process launched by

Map 1. Europe *c.*450

Emperor Constantine (272–337), who embraced Christianity in 312 and made the religion licit within the Empire. Those who followed embedded Christianity into imperial life until it became the official religion by the end of the 4th century.

Contact with ethnic groups at and near its borders had always been a feature of the dynamic Roman Empire. Erstwhile neighbours, indeed enemies, ultimately joined the Roman world; some even became emperors in the 2nd and 3rd centuries. During the 5th century Germanic groups—like the Goths in 418 or the Burgundians in 443—were accommodated with billeting rights, or allocated land for settlement, and sometimes shares in tax revenue. At the beginning of our period the traditional Roman elite—patrician and senatorial families, owners of estates, and stakeholders in Roman political and economic achievements—continued to serve under Germanic rulers. They were educated in the curriculum of the Arts, a rigorous education in logic, composition, and public speaking, alongside training in computation and science. They brought these skills to the important offices of bishops and governors.

From the end of the 3rd century the Roman Empire was in fact managed as two large and interconnected entities: east and west. The western part saw in 476 the deposition of the last Roman emperor Romulus Augustus, by a military leader Odoacer (433–493), who led a federation of Germanic people, and who thus became king of Italy. This change is often used to mark the 'end' of the Roman Empire. It is, in fact, but a stage in the long process by which Germanic groups were incorporated into the Roman armies, garrisoned its borders, settled on state lands, and ultimately also claimed political rule. Odoacer was soon replaced by Theodoric (454–526), king of the Ostrogoths, as ruler of Italy. In 497 Emperor Anastasius—ruler of the Empire from Constantinople—recognized Theodoric and sent to him the regalia of office. Theodoric built his capital in Ravenna as a new

Rome. He appointed court poets who could celebrate his achievements in the Roman imperial style, and maintained the circulation of Roman gold coins. He saw himself as a Christian king—loyal to the Arian branch of Christianity which Constantinople considered a heresy—within a Roman tradition. Similarly, after Clovis, king of the Franks, converted to Christianity in 496, and established regional hegemony by defeating the Visigoths in 508, he too received the Roman title of consul from the same emperor. Through diplomatic contacts with Constantinople, and interaction with local Roman elites, barbarian kings learned how to rule in Roman style.

A Roman civic culture had for centuries animated life in the imperial provinces. Vast investments were made from the imperial coffers in public works and military defences. When these declined in the 4th and 5th centuries, so did the number of city dwellers in Italy, Gaul, and Spain. But the teaching of Latin continued, as did the training of public servants from among the traditional elite of senatorial families. Roman law was practised and people still walked streets laid out in the unmistakable grid of Roman urban planning. Public spaces and practices, like aqueducts, hippodromes, temples, and gladiatorial games were transformed to fit a Christian society. The Pantheon in Rome was turned into a church in 609, dedicated to the Virgin Mary and All Saints.

The kings of the Ostrogoths, Vandals, Franks, Burgundians, and Visigoths were *Roman* barbarians, leaders who cherished what *Romanitas*—Romanness—had to offer. And so, while many have described this period as one of decline and fall of the Roman Empire, a concept popularized by Edward Gibbon (1737–94) in his best-seller *The Decline and Fall of the Roman Empire* (1776), this period of change is better considered as one of *transformation*. That is to say that adaptation rather than destruction characterized the fate of the Roman legacy, and this resulted from intensive—often violent—interaction between peoples.

As the barbarians became Romanized—willingly and alert to the benefits of Roman practices—a hybrid culture emerged. An early-6th century food and health book composed by the Greek physician Anthimus for Theuderic the Great, king of the Franks (*c.*485–533), subtly acknowledged the Franks' customs while aiming to instil Roman values. Anthimus accepted that high-born barbarians preferred to drink beer and mead—an abomination to any self-respecting Roman—but also recommended the importance of decorum in handling and preparation of food, and consumption of moderate portions. This etiquette stands in contrast to contemporary descriptions—condescending as well as misunderstanding—of barbarian male sociability. Sidonius Apollinaris (430–89), son of a Gallo-Roman senatorial family, diplomat, poet, and then bishop of Clermont, described the Burgundians as reeking of garlic and onion, and as giants who spoke an unintelligible tongue and who groomed their hair with rancid butter.

The continuity of ideas and practices in public administration and economic life was facilitated by the existence of a sole emperor, in Constantinople. Emperor Justinian (*c.*482–565) attempted to re-establish a sole imperial authority around the Mediterranean—east and west—in regions that for a century had been ruled by Barbarian successor states. He also extended the Empire—now called Byzantium and largely Greek-speaking—eastwards, with triumphs over the Persian Sassanids and the Armenians. His success in battles at sea and on land was matched by ambitious campaigns of construction. Court historian Procopius (*c.*490–*c.*560) lovingly describes edifices in Constantinople and in the Holy Land, building projects through which the imprint of the Christian Empire was felt. Even more far-reaching for the lives of individuals and communities were Justinian's legislative efforts: he commissioned a compendium of imperial law, Justinian's *Code*, updating Theodosius II's laws of 438; a *Digest* of learned opinions on questions arising from legal practice; and a law textbook with helpful commentaries, the *Institutions*. Under Justinian

1. Gold coin minted by Theodebert I (534–48), king of the Franks. Barbarian kings continued to mint such coins, shaped like a Roman *solidus*, as a symbols of authority and economic prosperity

theological controversies on the nature of Christ animated eastern and western bishops alike as one Christian commonwealth. Soon after, in 568, the Lombard conquest of large parts of northern and central Italy diminished such contacts.

Gold coins now carried the portraits of kings rather than emperors (Figure 1). Coins issued in late 6th century Provence still retained the imperial shape, though they were lighter in weight. Coins facilitated trade in luxury goods that were still available throughout the old Roman provinces, not least in the new royal courts and for ritual use in churches and cathedrals. Coins eased the collection of taxes by a cadre of administrators, officials who still carried Roman titles and who were paid by barbarian kings from the public purse.

The Mediterranean empire that Justinian had sought to revive was soon transformed by the advent of a new force in world history: Islam (Map 2). Born in the Arabian Peninsula, Islam arose from the convergence of diverse traditions, including Judaism and Christianity. It was an exciting new religious ideology which mobilized kinship groups into military action, first in the peninsula and then beyond. The fragmented and battered

Byzantine Empire, which had seen loss of territory and income in the decades following Justinian, offered easy pickings. A decade after the death of Mohammed, in 637, Jerusalem was taken by Caliph Umar, the crowning of his conquest of Byzantine Syria and Palestine. Next he mobilized an army which entered Egypt in 639, and brought it into the fold of the emergent Ummayad Caliphate with its capital in Damascus.

Muslim conquest was led by Arab armies, but these were locally re-inforced by converts to Islam, by defeated Byzantine garrisons, and by alliances with local groups, such as Bedouins in the Sinai, and Berbers in north Africa. These developments soon had dramatic implications for Europeans: the Mediterranean islands, southern France, and Italy suffered from raids and by 711 large parts of Iberia were conquered by a Muslim army from north Africa—led by Tariq ibn Ziyad.

Muslim armies soon crossed the Pyrenees into the Gallic province of Septimania too. Roman-Visigothic cities like Barcelona and Narbonne were taken, but progress deeper into Gaul was halted. This border of Christian/Muslim rule in southwest Europe was held for a generation, until the Franks reclaimed Narbonne in 759. Many of the old Roman provinces now lived under Muslim rule. In Iberia, Visigoths converted in large numbers to Islam as did some Jews and a great number of Christians; and Gothic identity has left a faint echo in the Arabic name *al-quti*—the Goth. The mental map of Christianity was shifting. Even though the Pyrenees were for centuries a *marca*—a border territory, march—with intermittent violent encounters, al-Andalus—Muslim Spain—exerted vast cultural influence upon the rest of Europe.

The shape of Europe was thus dramatically affected by these conquests. They created in Iberia and southwest Gaul a culture so diverse and alliances so unexpected, as to challenge our concept of medieval Europe. Iberia also saw the coexistence of Jews, Muslims, and Christians—as unequal neighbours—in a manner which has

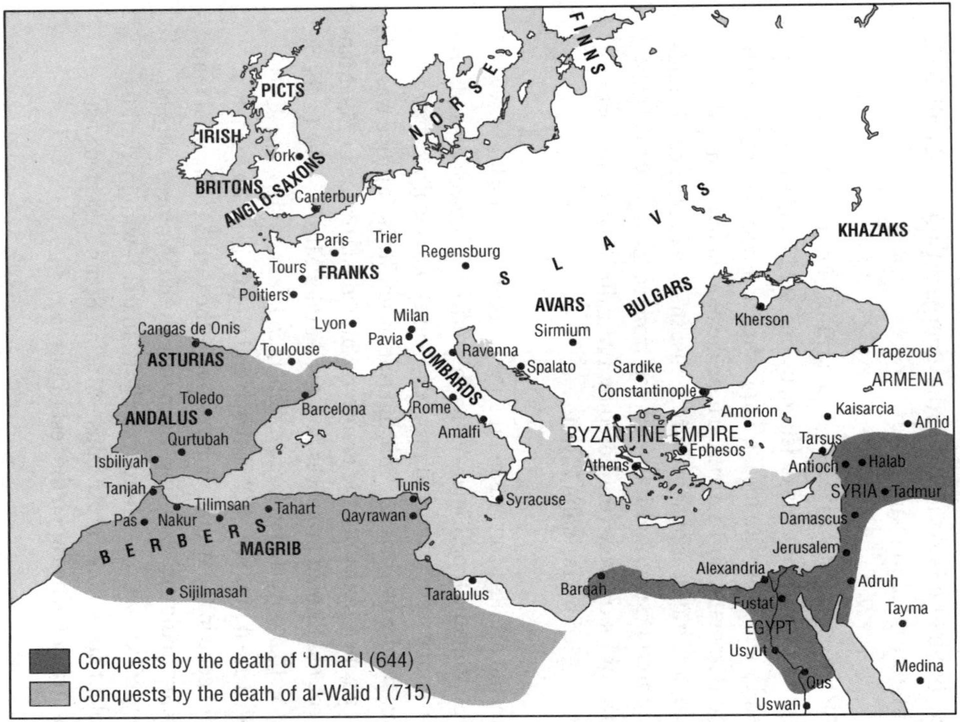

Map 2. Islam in Europe and the Mediterranean *c.*750

come to be known as *convivencia*—living together—within a sphere of Arabic culture. We will return to this legacy for Europe in a later chapter. Another important concept—crusade—was born in these parts. By the 11th century knights from Francia—as Frankish Gaul came to be known—received papal blessing when they joined the efforts to conquer lands ruled by Muslims, and thus to join what came to be known as the *reconquista*.

The balance of political power in Christian Europe now shifted northwards, away from the dangerous Mediterranean. There, the Merovingian Franks gained prominence through conquest and consolidation of their administration of vast lands, which reached from Denmark to Saxony to Lombardy.

Court ritual and art emulated the sole source of imperial majesty—the imperial court in Constantinople. But as the Frankish kingdom prospered, a rivalry developed between the two polities. In a period of particular turmoil in the Byzantine Empire, theologians and courtiers in the Frankish court even challenged the Empire's leadership in religious matters. During the rule of Empress Irene (752–803)—and exploiting the political vulnerability which often accompanied the rise of a woman to the throne—they penned the *Libri Carolini* in 794. This tract discussed and extolled the role of images in Christian worship, a polemic against the iconoclastic austerities which had recently been adopted by three successive Byzantine emperors. Political hegemony received religious endorsement in Rome on Christmas day 800, when Charles the Great (*c.*742–814), king of the Franks—also known as Charlemagne—had himself crowned by the pope as emperor.

Beyond the old Roman provinces the Roman legacy was developing into something new. While Roman cities and law were densely available in Italy, Gaul, and Spain, they were less visible and accessible in northern Europe. Yet *Romanitas* in the 7th or 8th century was invested in other ideas and practices.

2. The chapel of Charlemagne's palace in Aachen, built between 792 and 805. The debt to Roman architecture is evident in barrel-shaped vaults, the cupola crowning the chapel, and marble columns brought from Italy

The language of religion, ritual, and learning was Latin, and churchmen were best placed to teach its uses. Classical learning was favoured because it was extremely useful for communication and governance. So, for example, the *Rhetorica ad Herennium* (*Rhetoric for Herennius*), a textbook on rhetoric composed in the

90s BCE, remained one of the most widely used manuals for any holder of public office in church or state. Every monastery had a copy, every cathedral, and every court. Similarly, the book of medical recipes, *Materials of Medicine*, by Dioscorides (*c.*40–90 CE), an army surgeon from Asia Minor, was one of the most popular books well into the 16th century. It was cherished for its diagnostic insights and for the botanical cures it offered. A lively engagement with the classical tradition characterized many areas of life in these centuries. Books written in antiquity were copied, but also annotated; medieval users added glosses and even practical illustrations to books of medicine and geography, history, and poetry. These traditions were appreciated for their benefits, tested against contemporary needs.

Charlemagne explored the possibilities of Christian culture and Roman education in his court at Aachen (Figure 2). He assembled a formidable group of scholars and administrators, who made tangible the idea of Christian–Roman–European rule. Emperors were greater than kings; they led Christian life and extended it to new peoples; they legislated and determined in issues of faith. Emperors had at their disposal not only unique *regalia*—crowns, rings, and sceptres—but incomes, rights, and rituals of court. In the 10th century a Saxon dynasty—the Ottonians—established itself as heir to the Holy Roman Empire between 936 and 1024. The Ottonians reinforced their claims to ascendancy by arranging marriages with the Byzantine imperial family, and by promoting—as Charlemagne had done—enterprises of conquest, court art and architecture. Fittingly, they were also great patrons of monasteries and their learning.

The Byzantine Empire was experiencing vast change, as its territories were depleted by Muslim extension into Syria, north Africa, southern Italy, and Sicily. But an arena for expansion existed to its north and northwest, among the Bulgars, Poles, and the people of Rus'. Christianity was brought by Greek missionaries like the saintly brothers, Cyril and Methodius, to

Moravia and Pannonia. Byzantine culture spread through church rites, conveyed in the new alphabet which the missionaries helped to devise, and which developed into the Cyrillic alphabet, still used today throughout eastern Europe and parts of Asia. The Byzantine Empire was battered by the movement of peoples like the Seljuks from central Asia in the 10th and 11th centuries. The nomadic Seljuks converted to Islam and became a dynamic military force in pursuit of conquest for their new faith. The waning of Byzantine religious solidarity and influence in the West was marked from 1054 by the schism between Greek and Latin bishops over the theology of the Trinity. The history of the Byzantine Empire will be told in the *Very Short Introduction* to Byzantium.

For all the challenges it faced, the Byzantine Empire could still be an important ally in European enterprises. When an armed pilgrimage—later to be styled 'crusade'—left Europe in 1096 with the aim of offering help to the Christians of the east and regaining access for Christians to the Holy Land, its leaders expected that help would be forthcoming—in food, troops, and logistics—from the Byzantine Empire. Emperor Alexios I Comnenos (1056–1118) was, in fact, alarmed by this assumption. His daughter and biographer, Anna Comnena (1083–1153), describes with bemusement the arrival of the contingents from the West, each expecting to be received in style and supported.

Even further north

While this transformation of the Mediterranean and Gaul was under way, change also characterized the British Isles, Scandinavia, and central Europe. Following the withdrawal of Roman forces around 400, throughout the 5th century Angles, Saxons, Frisians, and some Franks migrated and settled in southern and eastern England, often penetrating further inland though the rivers Ouse, Trent, and Nene. The Germanic settlers sought agricultural land, and often displaced native Celtic communities, forced to move further west and north. This period was to be remembered and re-created in later centuries in the traditions associated with Arthur, king of the Britons, who was revived in the 12th century, and would remain thereafter the epitome of a chivalrous Christian king.

Southern England became a region of active mission *c.*600 with the arrival of the delegation sent by Pope Gregory I. Like elsewhere in Europe, conversion was led by rulers, animated by charismatic missionaries, and often bolstered by Christian queens. Throughout the British Isles the influences of holy men from Ireland was felt. The Life of St Columba (d. 597), written a century after his death by the monk Adomnán, describes the holy man at work from the island of Iona off the west coast of Scotland, admonishing chieftains, prophesying the results of battles, exorcising demons, and confronting magicians with his own cures. Irish influence affected the style of religious life—the calendar, the monastic ethos—often at odds with Roman–Continental practices. From Christian Francia abbess Bertila (d. *c.*704) sent books and relics to these 'new' Christians. In time the term 'Christendom' was coined by an English writer, and figures from the British Isles became iconic Christian leaders: the Northumbrian monk-historian, Bede (673–735), whose history of the church was highly appreciated throughout Europe; or Alcuin of York (*c.*735–804), who spent much of his life in Charlemagne's court, leading reform of education and acting as diplomat between England and the Continent.

This integrated northern European world, Christian and increasingly organized around dynastic rule, was about to be devastated by violent disruption: raids by Norsemen, first attested in 789. Several decades of violent contact followed, first of the more exposed outposts, like the monastic islands of Lindisfarne or Iona. The north of England, east Midlands, and parts of East Anglia, as well as northern parts of Francia, were all affected. By the mid-9th century a period of settlement and consolidation was under way,

3. The Hiddensee Treasure comprises 16 items of purest gold: brooch, necklace, and pendants probably made for the Danish king, Harald Bluetooth (*c.*935–*c.*986). The Norsemen—Vikings—traded from Dublin to Rus' and hoarded their wealth in luxury goods

and York and Dublin became important Norse trading centres. Ultimately, after decades of dislocation, enduring forms of cohabitation emerged: the Norse leader, Rollo, paid homage to the king of France in 911, for the terrain of Normandy. In Wessex, the Viking challenge had prompted the enhancement of administration and defence under King Alfred (849–99) (Figure 3).

Christian ideas and practices were now disseminated to those who joined the European commonwealth as a package of religious teaching, liturgy, law, and letters. These processes were mutual and reciprocal. Magyars, Bohemians, and Norse people continued to live in kinship groups with their intricate patterns of mutual protection, immersed in a heroic ethos. They were choosing to join the Christian world with its big idea: salvation offered by a suffering God. For them the figure of Christ was that of a hero, who had triumphed over death.

Europe c.1000

By the year 1000 the European population had begun to grow, and for some 300 years food production grew too, more than matching the demand. This meant that some people from every rural community could move to towns and cities and develop specialized skills, safe in the knowledge that food would be available there for purchase. Urban growth occurred both in existing urban centres—old Roman cities—and in thousands of new towns. This process has left its mark on European place-names which announced their newness: *Neu*ville, *Neu*stadt, *New*town, Castel*nuovo*, or *Neu*kirchen. Cities became hubs of cultural activity—in cathedrals, schools, and town halls—alongside the traditional rural cultural strongholds: monasteries and aristocratic households.

Resources, enthusiasm, and talent were now invested in new institutions of religion and learning, and that is why a century ago the American historian Charles Homer Haskins (1870–1937) called the period 'The Renaissance of the Twelfth Century'. Members of the social elite, enriched by the agricultural boom, founded monasteries where their families, past, present, and future, would be commemorated in prayer; townspeople supported schools for training in scribal arts, law, and medicine. Conquests led to waves of building, like that following the Norman Conquest in England, or when territories were conquered for Christian rule in Iberia. Dynasts marked their unique destinies in prestige projects like the abbey of St Denis north of Paris for the Capetian dynasty, or the rebuilding of the church of the Holy Sepulchre in the crusader-founded Kingdom of Jerusalem.

While much classical learning was well established in Europe, some classical lore became available to Europeans only in the 12th and 13th centuries through a two-step process of transmission. In the 7th and 8th centuries Greek learning was translated into Arabic following the Muslim conquests and the establishment of a court in Baghdad. After 1100 a great deal of translation took place from Arabic into Latin, led by scholars from Muslim Spain—al-Andalus—like Peter Alfonsi (*c.*1062–1110). Peter was born a Jew and converted to Christianity in 1106. He translated from Arabic and Persian moral and ethical tales, wrote on astronomy, and composed polemical works against Judaism. He moved between the spheres of learning in Hebrew, Arabic, and Latin. Peter travelled widely—he may have practised as court physician to Henry I (1068–1135)—and his books were copied and enthusiastically received.

The 12th and 13th centuries saw a remarkable consolidation of political units and increased European integration. As we shall see in some detail in the chapters below, population growth went hand in hand with the development of cities, diversification of trade, and expansion in the territories of Christian Europe. An elite educated in Latin served kings and popes, bishops and princes; a system of parishes brought all Europeans into the reach of ecclesiastical instruction, ritual, and discipline. Some parts of Europe became perennial war zones: the Scottish borders, the shifting Christian/Muslim frontiers in Iberia and the Near East, and the Baltic region where crusades against pagans were waged.

Violence within polities was increasingly tracked down and contained by royal administrations of justice, supported by local magistrates and with the participation of local communities.

All this was underpinned by law-codes and customs, newly codified and disseminated. In the 1140s authoritative texts of church law were assembled into the *Decretum*, a concordance of the Christian legal tradition which aimed to harmonize apparent contradictions. It was followed in each century by new collections and commentaries, a shared legal heritage for European church courts. Kingdoms produced their own codes, but also allowed other spheres of jurisdiction, like those of landlords on their manors, and town councils over their markets and citizens. Legal expertise developed in hubs of commercial activity, like the Italian cities, and some groups regulated their own affairs, like Jews and Muslims in Spain, and foreign merchants in Venice.

Dynastic ambitions caused monarchs to build effective bureaucracies for the management of their finances in peace and war, and for the delivery of justice. Occasionally resources had to be mustered in desperate attempts to defend territories, as the rulers of Poland, Hungary, and Rus' did in the early 1240s against Mongol attacks. But dynastic ambitions also led to expensive wars of conquest, like Charles of Anjou's seizure of Sicily in the 1260s, Edward I's conquest and settlement of Wales two decades later, or the Hundred Years War (1334–1453) between England and France. The later 13th century also saw a decline in the rate of growth and ultimately the marks of famine and economic vulnerability in many regions: the price of foodstuffs rose, and the size of peasants' land-holdings shrank under population pressure. In some regions cash crops had displaced food crops—dyestuffs were planted aplenty in Picardy and vines in Gascony—so the balance of humans, animals, and food became increasingly precarious. Around 1300 the Little Ice Age set in, and its wet and cold meant that the extent of European land suitable for cultivation decreased considerably (Map 3).

The famine which ravaged northwest Europe (1314–17), and the great calamity of the Black Death (1347–52) put all the

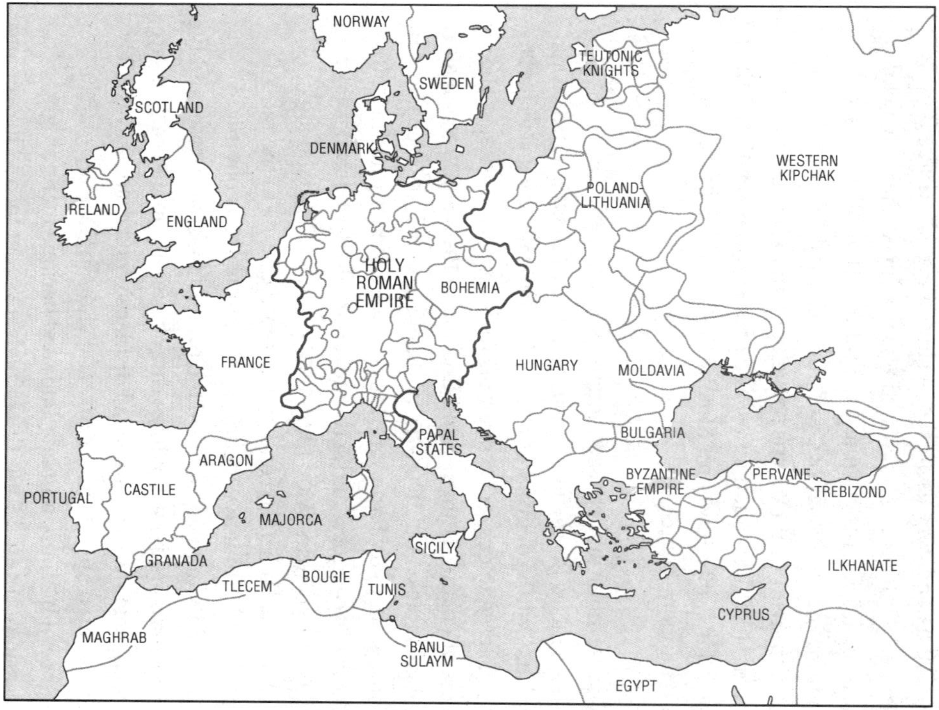

Map 3. Europe and its neighbours *c.*1300

arrangements we have been surveying to a deadly test. Unprecedented flooding and fiercely cold winters from autumn 1314 meant that agricultural yields were down—sometimes by 40 per cent. However integrated the European economy had become, it failed to provide food where it was needed. This failure was exacerbated by the tendency of landlords to hoard foodstuffs and thus speculate. Just as the next generations were beginning to recover and population to grow again, the Black Death—what is now commonly agreed to have been the bubonic plague—reached Europe. The disease had spread across central Asia over the preceding decades, reaching Europe by vessels that traded between the Black Sea and Italy in 1347. This disease was initially borne by fleas that had fed on infected rats and then passed the disease on to humans. Infected humans developed pustules on their bodies, especially around the lymph nodes, and a high fever; they usually died within ten days. A pneumonic version had a swifter effect, with death coming even more quickly. While mortality rates differed across European regions and settlements, it is estimated that close to half of the population perished. Nor did it stop there, as the plague returned in the 1360s and 1370s, and in many areas in the 15th century too.

The world was truly turned upside down as disease, loss, and bereavement affected all Europeans. The population did not reach early-14th century levels again until well into the 16th. So many of the assumptions about the European economy had to be rethought. Labour was in great demand, but less food was required to feed the depleted population. Rulers attempted to intervene and direct the response by legislating the changes away with fixed wages and restricted worker mobility. It is not surprising, therefore, that the later 14th and 15th centuries saw a great deal of urban and rural unrest all over Europe. Landlords sought to move from the labour-intensive cultivation of arable lands, to more diverse activities such as mining, pasture, and fisheries. Cities became more aware of the responsibilities they had in maintaining public health through care for urban spaces.

Europeans invented new ways of commemorating their many dead; they also became more impatient with those deemed to be lazy, and without settled abode or regular employment, the 'undeserving' poor.

Europe continued to change in shape and population size in the later centuries of our period. The Baltic region became part of Europe following the conquest of Livonia by the Teutonic Order in the 13th century and its settlement by German-speaking colonists; the Greek-speaking Byzantine Empire was conquered by the Ottomans in 1453; and Christian rulers conquered large parts of al-Andalus, a process which ended with the fall of Granada in 1492. Europeans of many ethnicities and religious affiliations confronted the Mongols in Hungary, Austria, and Poland. Crusaders continued to imagine the conquest of north Africa and the reconquest of the Holy Land; one group came upon the Canary Islands in the late 14th century and established vestigial rule there, with papal blessing. Throughout these later centuries Europeans lived abroad in enclaves and trading stations—*funduq*s—in Alexandria, Damascus, Constantinople, Karakorum, and Jerusalem. Along the trade routes pilgrims travelled too, as did curious scholars and would-be missionaries. By the end of our period the eastern Mediterranean was ruled by the Ottoman dynasty, and to the west explorations of the coast of Africa were encouraged and financed by the kings of Portugal. It is common to end this period in 1492 with Columbus' journey which saw his arrival in the 'Indies'. Yet Columbus seems far more to belong to the traditions of European travel, cartography, and royal patronage of trade, infused with a sense of Christian mission.

The 'Middle' Ages? What remains of this concept of 'middleness'? Not much.

Chapter 2
People and their life-styles

It is often assumed that people of this period were vastly different from us. This is not a helpful assumption. Then, as now, individuals aimed to live the best lives possible while struggling to make ends meet, fulfilling the expectations of institutions, and trying to satisfy some of their desires. Endowing people in the past with a sphere of autonomy, and even of choice—however modest—is sometimes described by historians as considering their *agency*. Thinking about agency does not mean ignoring the many factors over which people had no or little control, like the brutal realities of hunger, disease, and violence. We should think of people in the past as possessing self-awareness and the capacity to experience subtle feelings and complex thoughts. Some scholars have identified the 'discovery of the individual' in the 12th, or the birth of affective relations in the family in the 18th century. Yet, as we shall see, our sources—ranging from wills to poetry, from visual imagery to testimonies in courts of law—show individuals from across the social spectrum displaying emotions familiar to us: loyalty, jealousy, greed, hope, and passionate love.

This chapter will explore the routines of family and community life in rural settlements and urban centres, in private and in public. Some activities were associated with kinship, others with the search for protection. People sometimes joined others in their efforts—in a trade guild or a religious fraternity—but they also sought out patronage and guidance from individuals who were stronger, richer, or more expert than themselves.

Free, unfree, or only partly free

The capacity to act in the world was affected by an individual's legal status: free, slave, or serf. Roman law recognized the conditions of freedom and slavery, and slavery remained a European institution throughout our period, though with great variation. The law of the church decreed that Christians could not be enslaved, yet some did indeed live as slaves. Indigenous slavery on large Roman estates persisted at the beginning of our period, and existed alongside the constant stream of slaves taken in battles on Europe's eastern borderlands. The word *slav* became synonymous with the word 'slave' (*sclavus* in Latin). The survey of estates conducted by Abbot Irminon of St Germain-des-Près outside Paris *c.*825 had 7,975 individuals living in 1,378 households, all bound to the estate. These were large households, with an average of 5.78 members. The Domesday Book, a vast survey of English lands, population, and resources, compiled in 1085–6 for William the Conqueror, shows how numerous slaves were on English estates, over 10 per cent of the population surveyed, though the status of slave soon disappears from our sources. Enslavement was used against Muslims and Jews in Catalonia and Aragon in punishment of a variety of political and sexual offences.

Dependent unfree men with skills could rise up the social scale through military and administrative service. In the Holy Roman Empire unfree *ministeriales* held land and married the daughters of noblemen; they commanded castles and in turn held courts of their own. The Hungarian *jobbágiones* were allowed freedom of movement and were mobilized in the 13th century in warfare against the Mongols, and in the 15th against the Turks. Another form of servile living was introduced to Europe in the late 14th century when black African slaves were sold for domestic service in Italian and Iberian cities. They were habitually released from slavery (manumitted) after a while, often remaining in domestic service, or working as artisans, musicians, or fishermen.

Those who were not slaves were not all free, for our period sees the development of a status of unfreedom which is not equal to slavery: it is serfdom. There were many routes to such servility: loss of an individual's land through poverty and debt, or through conquest followed by loss of land. The serf householder was attached to the land he and his family cultivated, and their tenure entailed important obligations which were the mark of servility. Serfs shared the produce of their labour with their lords, they were obliged to execute work at the lord's request, and they were limited in their right to travel. Serfs were often required to bring their corn for grinding in the lord's mill and their grapes to the lord's winepress, and to pay for a licence when they sought to marry outside the manor; a fine beast was paid to secure the passage of the serf's tenure to its heir. Their lives were hard, and often characterized by writers in our periods as being simple and rude. When bishop Rather of Verona around 930 wrote with guidance to Christians of all conditions, he advised the labourer: 'be not only fair, but hard-working, content with your lot, cheating no one, offending no one'.

Members of the serf's household were servile too. An Irish satirical poem of *c.*1060 expressed abuse of those at the bottom of the social scale, here associated with ploughing: 'o Domnall, dark and crooked, harsh and wrinkled . . . You grandson of a ploughman/[who is] filthy like a badger'. Serfs could be freed by manumission, either granted as a favour—as when a serf's son was freed in order to qualify for training to become a priest—or against payment. Even after manumission a vestige of unfreedom could linger, as in the case of those entitled *colliberti* on French estates. Serfs sometimes left their family holdings to join an army or to work in a town, and landlords' officials aimed to locate such fugitives and return them to the land. In periods of demographic growth, like the 12th and 13th centuries, servile folk were able to negotiate and pay manorial officials in order to move to a town. After the Black Death (1347–52) when demand for workers in cities was extremely high, young men and women departed from manors in great numbers, often leaving dependent old and young behind. The erosion of serfdom after 1350 meant that customs which burdened serfs were lightened, but so too were the obligations which secured the tenure of servile families.

Being a man and being a woman

Within these social worlds conventions related to being a man or a woman were highly consequential. Gendered attitudes sought to protect as well as control, to exalt as well as vilify women and femininity, while maleness served as an ideal, the state of humanity in the image of God. The details of this system differed by region, social sphere, and period, but everywhere gender was seen and asserted in rituals and public statements. Clothing, comportment, use of space, all served to display the gendered order of society. Frankish high-born nuns were buried in colourful clothes: Bathild (d. 680) in a red cloak with yellow fringes and Bertila (d. *c.*704) in a brown tunic with yellow trimming. Even in the harsh conditions of life in Greenland, items of clothing from *c.*1200 show that men wore garments dyed dark brown and black, women's dresses were decorated with patches of contrasting colours, and children were dressed in white and grey. Colour-coding is not a modern invention.

Most of the assumptions in secular and ecclesiastical law and much social custom agreed that women were weaker than men in their mental, moral, and physical capacities. The church taught that women and men could hope and strive for salvation, but also that women's nature tended towards sin. It followed that it was harder for women to deploy human reason—the gift of God—since they were distracted by their carnal nature, above all by their roaming wombs. This weakness of reason meant that they could not be placed in positions of authority over men, their superiors. Even the dedicated religious woman Ida of Barking was exhorted by the monk Osbert of Clare *c.*1136: 'Do not let lascivious mirth reduce you to your sex. Conquer the woman; conquer the flesh; conquer desire'.

Such ideas were embedded in the system of ethics and science inherited from antiquity according to which the human person resided in a body which was also home to the soul. The person emerged from the combination of matter and spirit, and each individual was a unique blend of humours, each with its particular qualities: choleric—mostly hot; sanguine—mostly moist; phlegmatic—mostly cold; or melancholic—mostly dry. The grid of natural bodily conditions was understood to be in flux, and the balance at any moment was affected by planetary movements, but also by the routines of eating and bodily care undertaken by individuals. Men were vigorous in their heat, so religious men sought to lessen their distracting masculinity and sexual drive by eating cooling foods, like vegetables, and by avoiding spices. Colder men grew a thinner beard and had smaller testicles; they were more like women. Women, in turn, who sought to become more 'virile' and give up their femininity might seek sources of heat to compensate for their natural wet and cold complexions. The spiritual guide to the religious woman Catherine of Siena (1347–80) described her seeking out, in the public baths, the hottest and most sulphurous streams of water.

Family and marriage

Most people spent work and leisure within the family sphere. In both towns and villages the family was a unit of work. On the peasant holding or in the artisan's workshop, men, women, and children worked together. Households included not only close family members, but also dependants such as needy relatives, servants, apprentices, and even the poor. The household was ordered under the rule of a male head, and in his absence, sometimes, that of his wife.

Marriage was the most pervasive, yet contested, social institution. Roman law defined marriage as a contract, while Germanic custom endowed marriage with the quality of a family enterprise, an alliance between families through their young; alongside marriage it recognized other less binding alliances. To these traditions was added Christian sexual morality, which sought to make marriage a framework for virtuous Christian lives. Discussion began in earnest as Christian thinkers—like Augustine, bishop of Hippo in North Africa (354–430)—grappled with the reality of mass Christianity. His approach was above all theological, an exploration of marriage as a remedy against sin. He opened the way to an understanding of Christian marriage, though some thinkers continued to insist that married life was inferior to the life of heroic chastity.

The conventions and exigencies which operated on men and women were complex and varied. Underlying this variety was an understanding of identity rooted in sexual difference. It directed men to assume responsibility and care for wives, daughters, and sisters, and it also allowed them to control women's property, and direct their lives. Men habitually used violence in asserting authority, even as they expressed deep grief at the loss of a partner. The Carolingian scholar and courtier Einhard spoke of missing his wife Imma (d. 835) 'every day, in every action, in every undertaking'. He was consoled in turn by letters from his friend Lupus of Ferrières, praising her since 'although a mere woman in body, she had achieved in spirit the stature of man'. Richard II (1367–1400), king of England, famously mourned the loss of his wife, for the rest of his life, and even after he remarried.

The Christian idea of marriage as sacramental, monogamous, oriented towards procreation, and for life, was fully codified in the 12th century. Disseminated vigorously through canon law, Christian marriage seemed like an intrusive innovation, and centuries passed before it was accepted by Europeans. This view of marriage was propagated by the Church, led by activist popes—many of whom were trained in the law. It sought to bring the most intimate and consequential aspects of life—family, progeny, inheritance, sexuality—within a Christian ethical and legal sphere. It did so by considering marriage a personal moral act, by making laws to match, and by providing religious instruction to inform laity and clergy alike. As marriage became a sacrament any infringement related to it was claimed as the business of church courts and was regulated by priests and bishops.

Sacramental marriage was an irreversible ritual, a transfer of grace to two freely consenting partners. Experts in church law—canon lawyers—explored all possibilities: What was the minimal age of marriage? How binding was the expression of mere intent to marry? Could Christian marriage be overruled by dissenting relatives? Could a married person leave to pursue the greater virtue of monastic life? And what if a marriage was never consummated sexually? Such questions became the stuff of legal discussion and life dramas; in church courts witnesses described disappointments and sorrows in minute detail. These courts accepted the testimony of women, so they recorded them speaking of heartbreak, broken promises, sexual humiliation, and more.

The church aimed to promote partnerships in conformity with biblical definitions of incest. Religious advisors sought to move rulers towards a Christian sexual morality, but they also understood the limitations to such attempts. Pope Gregory I allowed the missionary to southern England, Augustine of Canterbury (d. 604), to act with leniency with the recently converted English on the issue of licit marriage partners. Charlemagne, avid promoter of Christian learning, had many wives and complex webs of paternity. He was also described as having an incestuous relationship with his sister Gisla (757–810), who later became the abbess of Chelles. The scope of incest waxed and waned. At baptism new spiritual kin were created—godfather and godmother—so they and theirs entered the circles of kin forbidden in marriage. By the 12th century church law allowed marriage only to those separated by seven degrees of kinship. Such strictures were hard to live by. By 1215 the church had relaxed the degrees of prohibited kinship, to four; even that was a rule hard to enforce within small rural communities or within the elite marriage circle open to royals. Ideas about incest remained a subject of fascination. Manuals for confessors instructed priests to probe their parishioners about it with direct questions, and preaching addressed the topic too. Literary works also explored incest, like the German verse poem *Gregorius* of *c.*1200, by Hartmann von Aue (*c.*1165–*c.*1215), about a saint who was the product of incestuous union.

By the 13th century Christian marriage was taught widely, and so became over the centuries a recognized pathway. To traditional rituals of betrothal and marriage—celebrated by families and within communities—were now added church rituals. There was often the blessing at the church door; and when children came along, there was baptism to bind family and church even closer, and churching of mothers—a form of purification and reintegration of them into the community—after the ordeal—and pollution—of childbirth. For all its uniqueness, in sermons the life of Mary and Joseph was upheld as an ideal.

Christian marriage promoted ideals of conjugality and complementarity. Men and women were different, but could help each other in making a Christian life. The conjugal debt was conceived as a mutual duty to have sex in marriage. It was taught in sermons as an obligation on women to overcome qualms about sexual contact—due to illness, personal aversion, the restrictions of Lent, or menstruation—and respond to their husband's desire. In the 15th century an influential voice opposed the tyranny of the 'debt'. The Tuscan Franciscan preacher Bernardino of Siena (1380–1444), wise to women's dilemmas from hearing their confessions, taught the husband's right to instruct and correct, and the wife's duty to obey, respect, and exhort. But he also decried coercive sex as an infringement on the duty of affection. Bernardino's sermons restated the tenor of Augustine's words a thousand years earlier, with a Tuscan twist: marriage was for the bridling of desire, and should not be delayed, lest men become used to having sex with each other, a 'pestiferous' habit which is hard to break.

Parents and priests encouraged young adults to settle in family units. Whatever their youthful sexual experiences, and these were often within same-sex environments of training and work, most people married. Many even remarried, and in this way produced multigenerational families and complex webs of inheritance and sentiment. Towards the end of our period, religious image and narrative caught up with this social reality. The Holy Family—Mary, Joseph, and the child Christ—was represented within a rich web of relations, in which Anne—Mary's mother—doted over her many grandchildren, the product of her three consecutive marriages. Parish churches in Germany displayed the family arranged as a sculpted group: the two holy women and the child Christ to the fore, and Anne's other daughters with their children—Christ's cousins—around them; at the back were four men: Joseph and Anne's three husbands (Figure 4). Men and women, young and old saw their own family relationships mirrored in such images.

If sex in marriage was oriented towards producing sons and daughters, then any impediment to intercourse provided a cause for annulment; and if marriage was a sacrament freely entered, any suggestion of coercion could similarly make void the resulting 'forced'

4. A painted sculpture, of *c*.1485, from a German parish portraying a family with women and children to the fore: the Holy Kinship of the child Christ

marriage. Anxiety about the ability to establish a family is palpable in many different types of sources. People resorted to magic, medicine, prayer, and pilgrimage in the hope of being able to have children.

Households

With marriage a household was created, and most Europeans formed new homes after marriage. These were units of work: on the family's agricultural land or in a workshop. Knightly and aristocratic families ran estates as household enterprises from a castle, a fortified manor house, or—as was the case with some Italian families—an urban palace. Women, apprentices, grooms, and servants helped run these households, which were represented by the male head of household in law, finance, politics, and civic ritual.

Royal and aristocratic courts were at once the home to an extended family, a household, as well as the headquarters of a bureaucratic and political enterprise. In the earlier centuries royal courts were almost always on the move. The Merovingian kings of the Franks travelled between their estates with their court about them, supported by the produce and labour of their lands and serfs, as well as by the hospitality which religious houses were obliged to offer to their benefactors. One such courtier—the holder of the all-important role of *maior domus*, chief steward to the household—Charles Martel (*c.*688–741), assumed so much power and influence that his sons—Peppin and Carloman—became kings of the Frankish lands after his death. Peppin's son, Charlemagne, created a capital, the very grandest kind of household, at Aachen. The group of priests and servants which surrounded a bishop and animated his cathedral came to be known as *familia*—a family household of sorts—and provided its celibate members with the support and care that biological families were usually expected to offer.

Women's work was central to any household's wellbeing and it took place in all spheres. The *Life of St Gerard*, the martyred bishop known in Hungarian as Gellért (980–1046), describes the bishop on his travels hearing the sounds of millstones accompanied by a woman's voice. His travelling companion explained that she was grinding corn, rotating the mill, yet singing 'in a sweet and merry manner'. Coroners' records from 13th century England show that women suffered accidents in the course of agricultural labour: in fields, barns, and when using heavy and sharp metal implements.

Women's work involved skill and coordination at home, in workshops, and in fields, and they were trained informally by other women. Everywhere women gathered and prepared food, tended to domestic animals, and made textiles. A wall-painting from the Danish church of Kirkerup, near Roskilde (*c.*1330) shows a woman spinning yarn while balancing two swaddled children on her hips (Figure 5). Spinning, weaving, and sewing garments required the use of specialized tools. Finds from 13th century Greenland include needles, scissors, seam smoothers, and weights for looms. A great deal of specialized knowledge went into assembling of wools and animal hair which were made into yarn, and coloured with natural dyes made of lichen, woad, and even tinted brown by dipping in iron-rich water.

In cities women participated in family artisan workshops, often working 'front of shop', selling the finished goods from shops on

5. A wall painting from the Danish church of Kirkerup of *c.*1330 depicting a mother with two swaddled babies tied to her body, busy at her spinning. Situated near the Expulsion from Eden, it links toil to Eve's sin

the ground floor. In the households of notaries, doctors, and merchants daughters learned to read, write, and compute, a useful preparation for adult life within such a household of their own. Women sold homemade goods, and often worked with the byproducts of the family business, like turning tallow into candles. In the later part of our period women worked in textile manufacture from home, often in groups, and also provided a growing workforce of domestic servants, much in demand after the Black Death. Women hawked cheap goods and sold pre-cooked food, since maintaining a private kitchen was the privilege of better-off townspeople. The local legal framework determines how we get to know such women: a brewer of Ingatestone in Essex accused in 1344 of serving unfit ale was represented in court by her husband, who also paid the fine; but in Marseille, the Jewish midwife Floreta d'Ays faced in 1403 a malpractice suit on her own.

Historians used to think that emotional cherishing of children was the invention of the Enlightenment. This is quite wrong. The household was the focus of nurture and care for the young. From the peasantry to aristocratic elites, all social groups developed ways of training the young for healthy and productive lives. Even modest families travelled to shrines, seeking cure for their children. Frankish grave-goods buried with children include child-size weapons and toys. Complex webs of coercion and encouragement governed attitudes to the young within these patriarchal communities, and so privileged in many instances the old over the young, sons over daughters, and close kin over lesser relations. Women were expected to train children, and as norms of Christian behaviour spread and became better established in Europe, so did the role of mothers and female kin as first educators. The Psalms, the Creed, the widely used prayers *Ave Maria* and *Pater Noster*, and edifying religious tales were taught in households in the mother tongue and were integrated into family life.

Tough decisions had to be taken in order to secure the future of the young. By the 10th century most landholding families in large parts of Europe—England, France, and parts of the Empire—recognized the land inherited by the father as patrimony, to be passed on to the heir. The patrimony gave the family its name—this period sees the fixing of such surnames, *cognomina*—like *de Coucy* or *de Bouillon*. Younger sons were apportioned lands perhaps more recently acquired, less central to the family's prestige. In an extreme case in point, William the Conqueror's eldest, Robert Curthose, inherited Normandy in 1087—the family patrimony—and his younger brother, the future Henry I, inherited that more recent acquisition—the kingdom of England.

The ideal heir to a family's name and lands was an adult male, but often this was simply not possible. In these situations women were made rulers of men and held important positions of power. As he prepared for succession, Henry I of England had only an illegitimate son and so he made efforts to secure the inheritance for his daughter Matilda (1102–67). He bound the magnates of the kingdom by oaths to accept her as heir, and thus to secure dynastic and political continuity. Yet, when the time came, this did not work. The English aristocracy preferred a man of lesser birth, who was well-known, -liked, and -tried in battle: Stephen of Blois. England was soon plunged into years of strife. In the 13th century, the counts of Flanders, some of Europe's greatest dynasts, made their daughters heirs with greater success. Within cities, the statutes of guilds that regulated household workshops allowed guild widows to run workshops until their son/heir reached majority.

Primogeniture—inheritance by the eldest son—came to prevail not only among landed people, but also in more modest households: the inheritance of servile land or of craft workshops in towns throughout Europe. Some regions maintained partible inheritance—parts of Kent, still in the 13th century, Wales, southern France—and confronted the challenges it posed:

provision for several heirs always meant that a viable land holding could be reduced within a generation or two to fragments that barely supported any of its holders. Most families combined several strategies for the sake of the young: advantageous marriage, training in a craft, migration, land-clearance, and the acquisition of a new tenancy, professional formation in preparation for careers in law, as clergy, or as bureaucratic servants in great households, cities, or royal courts. As to daughters, they were apportioned a dowry with the aim of attracting a good match, the dowry being a way of sharing the family's wealth.

Rural settlements

Most people lived in rural settlements and in many forms. There were the densely settled nucleated villages as in southern England, northern France, and Pomerania, where arable farming meant that villagers lived surrounded by the fields they tilled. At the centre of some villages was a green or a square, a public space around a well, and sometimes near the local church. Fishing villages along European coasts shared some distinctive features. Be they in Norway, Ireland, or Sicily, they were often surrounded by sea-marshes and salt-pans; the sex ratio of their population was often skewed, with a superabundance of women. Some villages were surrounded by protective walls, others encompassed hamlets—neighbouring clusters of farms—spread out and isolated. The layout of rural settlements reflected the landscape, work and livelihood of their inhabitants, as well as the circumstances of original implantation.

It is commonly thought that rural settlements were unchanging features of history, but the reality is more complex and interesting. While some settlements in southern Europe were indeed very old, migration, raiding, transhumance, and conquest all contributed to change in village life. Think of the wooden fabric of the most modest northern European habitation: those who lived in them in the 6th and 7th centuries periodically upped sticks—literally—with their livestock, and abandoned rotting wooden structures to set up elsewhere. Movement characterized the lives of villagers in the Alpine region, where part of the population spent several months a year away from the village, seeking pasture and some protection from severe weather conditions. Hundreds of villages in Castile, from the 13th century, saw seasonal movement of vast numbers of sheep to pasture and back. Transhumance transformed the shape of these communities for months at a time: the movement of some three million sheep from north to south removed men and beasts alike. At the same time, and in consequence, towns and cities along their pathways—the *cañadas*—saw their population swell.

Rural settlements often centred around a *villa* held by a churchman or a notable. In Iberia Roman villas endured as economic units and family homes even under Muslim rulers. While grain production was at the core, there was pig and sheep rearing, and crafts in locally grown raw materials like wool and linen. Such settlements formed the core of fortified seats of lordship by the year 1000, made strong by the local lord—*seigneur*. Castles were built to secure safety and in display of authority. Fortified communities marked the landscape as a refuge in time of war for those who inhabited neighbouring lands. Monteriggioni, north of Siena, was situated for decades at the border between the territories of Florence and Siena; it was surrounded by a 'crown' of towers—14 of which still survive—and offered refuge to peasants in the surrounding lowlands whenever those two cities clashed.

By the year 1000, relations between lords and their vassals, manorial landlords and their serfs, offered the basis for political and military organization and for economic development. Relations of lordship and tenure framed the lives of most Europeans, the most powerful and the least. On the basis of these dispositions of landed wealth and natural resources, a whole array of cultural and personal values developed: loyalty, chivalry, justice, liberality, communal responsibility, and more.

In large parts of Europe rural settlements existed within a system of land tenure that has been named since the 17th century as 'feudal'. This term is often used to characterize the arrangements whereby land was held by men in a hierarchical and nested system: each vassal held land from a lord and in return offered that lord loyalty and advice. Lord and vassal were bound through a ceremony at which the latter offered homage, sealed with a kiss. The land held within this relationship could include a combination of one or more estates; in the highest echelons it amounted to a county, duchy, or even a kingdom—their population, resources, and related jurisdiction. Versions are to be found from the Hebrides to Hungary, from Tuscany to Norway, but its history and manifestations are highly diverse, far more than a sole '-ism' can convey. That is why historians now qualify their use of the term 'feudalism' or avoid it altogether.

The historian Marc Bloch (1886–1944) once remarked that every parcel of land could be called 'mine' by several persons: those who worked it, those who held the estate from a higher lord, the higher lord, and the king who granted it to that higher lord. Some lands were never turned into fiefs, but were worked under the supervision of the lord's official, a bailiff who supervised the hired labour as well as the work of serfs. These bailiffs—*sirvents*, or *sergents*—ran the estates, interacted with the rural workers in the local idiom, and summoned them to the manor court for infringements; they were never popular members of the rural community.

Serfs were obliged to share not only the crops they grew and the animals they tended, but also their labour, by providing work days to their lord. This was usually exacted in the form of agricultural labour, at sowing or harvest, just when their own holding required urgent attention. Whenever we look at a castle or at earthworks and wonder how they were built with the technology available a thousand years ago, we must remember that lords had access to a great deal of cheap labour from the landless, and to free labour from their serfs. Such labour services could also be exacted as cartage, hewing of stone, mining, and more.

Political change affected the rhythms of life in rural communities. After the Norman Conquest of England castles were built everywhere, at the centre of cities where they displaced tens of habitations at a time, and in strategically important regions, like the Welsh Marches, first in wood and later in stone. As one views these impressive structures it is clear that effective organization of labour and resources went into their making. Lords in charge of vast estates and dependent serfs could raise the required labour, command the required timber for construction, and could allocate portions of income from their estates towards the building. This was the very terrain where Offa, King of Mercia (r. 757–96), had built a dyke supported by earthworks, 300 years earlier. The archaeological remains from fishing villages of the Hebrides reflect the effect of conquest on economic life: before the advent of Norwegian influence and ultimately hegemony in the 10th century, the finds contained a wide range of fish bones—both in middens and in processing deposits; later on there is a clear concentration on cod and hake. The islanders' fishing habits were influenced by their incorporation into the Norwegian sphere of dominion, whose fish yields made them leaders in the European trade in dried fish. The introduction of grain-drying technology to the Hebrides in the form of kilns is evident in this period, as is that of black oat and rye, both part of a general move towards more intensive arable farming. This economic incorporation may also explain the new prominence of flax—introduced from Norway—whose oil was so useful in the treatment of wood and essential for boat-making.

Religious houses were usually granted estates at their foundation, and received more from benefactors over the centuries in return for prayer. They acted as a collective 'lord', and managed lands, often very effectively. Able to accumulate over centuries, untouched by sibling strife and the need to apportion dowries, religious houses amassed considerable wealth and so invested in substantial projects: bridge-building, drying of marshes, woodland clearance, and the construction of stylish buildings. Religious houses literally towered over the countryside, their church often the product of decades of labour by country people—in quarrying stone, preparing timber, construction, and carting.

Food security was affected in every region by a variety of interlocking causes such as weather, safety, and disease. We gain glimpses of the challenges of hunger, from the provisions made by landlords—of grain for food and for sowing—at time of need, as recorded in their accounts. And dearth produced fantasies of plenty, like the Land of Cokaigne, occasionally imagined in poems: a land where it rained meatballs and pancakes, where roasted chickens flew straight into the mouths of the hungry. Local rituals and expert magic were also deployed—despite official disapproval—to avert storms or make life-giving rains fall.

The rural settlement—the village—was the site of important solidarities within families and between neighbours. In the course of the Christianization of Europe, most villages became ecclesiastical units too. The village produced food, and yielded tithes—a tenth of the produce or earnings to the church; the village was home to families whose young required baptism and its dead burial. At the same time, those who owned estates and governed lives—knightly and noble landlords—were increasingly drawn into a close relationship with the church, its laws and its norms, and sought to spread these on their estates. Where neighbours were so co-dependent, reputation was all-important. Rural communities took slander seriously, as an Irish phrase put it, 'No wise...man should doubt that blood is shed by words', and slander became a sin punished by canon law, as an act against charity.

The wave of church-building in the 11th century—described so evocatively *c.*1026 by the monk-chronicler Radulph Glaber (985–1047) as a 'white mantle of churches'—reflected landlords' attempts to provide enduring places of worship, built in stone.

6. Frescoes painted by Maestro dell'Undicesimo Nicchione of the Seven Works of Mercy in the Baptistery of Parma (*c.*1370–80): 'Giving Drink to the Thirsty' captures both need and the recipients' gratitude

Such lords also appointed the priests, a right that in the 11th century was energetically disputed by the papacy. The intertwining of the life-cycle and the seasons of the year into Christian ritual made the rural settlement a social framework rich in overlapping relationships and meanings.

Collective experiences of work and worship reinforced the bonds of cooperation which were required within any rural community whose members often struggled to survive. Competition existed alongside collaboration. Tensions abounded within and between households: between the young and old, the industrious and the idle, those more or less well-off. There was hierarchy within villages too: with those who owned or held land, and those who did not, with men—who were the tenants of land—and women, who depended upon their male kin. There was also charity and sharing, encouraged by religious instruction (Figure 6).

Cities

Although most people in medieval Europe were attached to work on the land, a significant number were engaged in manufacture and trade, in study, and in the provision of educational and religious services from urban centres. Cities and towns were hubs for the marketing and distribution of agricultural produce, livestock, and raw materials. The marketplace defined the town's commercial capacity, and so in most European cities the great church stood in the marketplace: in Freiburg the church of St Mary still inhabits the marketplace, and in Cambridge Great St Mary's stands just at its edge.

Cities were central to life in medieval Europe. The Roman legacy meant that a city like *Civitas Moguntiarum*, situated at the confluence of the Main and Rhine rivers, remained an important medieval city—Mainz. Its bishops nurtured a buoyant economy—with much vine-growing—and also led in the 8th century the war against the Saxons, and the mission which followed. New cities were created where political realities required them. Magdeburg in Lower Saxony was founded by Charlemagne in 805 after he vanquished the Saxons and forced their conversion. It later prospered as an eastern outpost of the Ottonian Empire. From Magdeburg St Adalbert (d. 981) launched the efforts to convert the Magyars. In the early 11th century its economic importance was recognized by the grant of the right to hold a market. It had already been elevated to the status of archbishopric at the heart of a vast ecclesiastical province.

As economic activity intensified after the year 1000 so did the measures created to secure travel and exchange. Lords secured the freedom of travellers, maintained bridges and roads, and in return exacted tolls. In Italy these common interests between local landholders and cities were identified and forged into a form of joint governance—the commune. In 11th and 12th century communes these interests combined to create political entities as in Genoa, Parma, and Verona. Such cities guarded their liberty, especially regarding their obligations to their overlord, the Holy Roman Emperor.

All over Europe new towns and cities were created by enterprising rulers, bishops, and abbots. In Castile and Aragon royal charters, *fueros*, were issued aimed at encouraging settlement in cities that had recently been conquered from Muslim rulers. The charter for Cuenca welcomed in 1187 'whoever may come to live... whether Christian, Moor or Jew, free or servile'. The kings of France also encouraged urban growth and fostered the vast fairs of Champagne in the 12th and early 13th centuries; the kings of England granted borough status to tens of towns in the 12th century, and the Teutonic Order similarly encouraged city life after its conquest of Livonia in the 13th. But rulers rarely gave up their rights altogether, and continued to exact from cities annual payments, or contributions to their armies.

Those who governed the city sought to create an environment conducive to trade. A safe and healthy city was more likely to attract merchants, who were taxed on the merchandise they imported. Visiting merchants spent a great deal of money in towns and cities on bed, board, and entertainment. City councils regulated prices of food and drink, licensed and supervised sex workers, and guarded access at their gates. International agreements sought to protect such traders as they travelled away from kin and native community. A letter sent by Magnus Håkonsson, King of Norway, to the city of Hamburg in 1264 reassured it that although some Hamburg merchants had been accused of murder while trading in Norway, they were able to prove their innocence supported by the oath of 12 men, and so he set them free. All was well.

The Holy Roman Emperors created in the 13th century the status of Imperial City (*Reichsstadt*), like Regensburg, Hamburg, or Bremen. Imperial officials no longer conducted the cities' affairs, which hence were passed on to the local council, usually dominated by great merchants. The city was now obliged to contribute considerable annual payments for the right to manage its affairs, repair its walls, arm its militia, and regulate its guilds and market. Clashes between imperial cities and the Holy Roman Emperor arose over the treatment of Jews, political alliances between the city and the Emperor's enemies, and on the level of fiscal contributions to the imperial coffers.

Urban centres prospered, diversified, and encouraged creativity. Republican government spawned administration and strategic planning which involved rich merchants above all, sometimes with the participation of traders and artisans. The size of city councils varied from the very small—with seven or eight members—to vast assemblies of hundreds, as in Venice. Time invested in public office was usually given freely, though expenses for entertainment and travel could be reclaimed from the city's coffers. Urban government had to include many of those who produced its wealth, while protecting the aspirations of its richest and most prestigious members. The struggle over representation was incessant, between the rich merchants (often with aristocratic associates) and guild-members. The voice of labourers and women had no official representation.

Cities saw in the 13th century an extraordinary explosion in financial services. Banking dynasties were established and by 1300 they had branches in major European cities. Their wealth made them ambitious within their natal cities, even as they travelled widely and commanded influence abroad. London alone had agents of at least ten Italian banking families, and their financial support underwrote military ventures by the English crown. Merchant and banking wealth was displayed in the building of great residences in Italian and Flemish cities. Kinship loyalty and mercantile acumen combined to create formidable mercantile lineages. The most famous long-distance merchant of the period, the Venetian Marco Polo (1254–1324), travelled to the Chinese court with his father and uncle, Niccolò and Maffeo. Such travel was a form of apprenticeship by which families trained their young in the secrets of trade. In this extraordinary case, the trip lasted 24 years, and Marco Polo committed his experiences to writing.

All the aspirations and the frustrations of a city's life are captured in the story of Siena. Siena emerged in the 13th century from a vast hinterland of viticulture, grain- and sheep-farming as a centre for banking and trade. Siena's precocious textile industry and banking soon followed: wool was turned into fine cloth, metal from surrounding mines into finely wrought weapons and tools. Its merchants and bankers financed and managed the earnings from the seasonal transport of sheep from inland to the coast for sale. When Siena triumphed over Florence and its allies at the Battle of Montaperti in 1260, it entered a period of self-governance—enabled by economic growth. The Sienese rebuilt and extended their cathedral—the Duomo—built the city hall—the Palazzo Pubblico—and decorated the city with religious images.

Siena is situated along a route—the *via francigena*—which linked northern Europeans to Rome. Sienese business and charitable institutions, like Santa Maria della Scala—which can still be seen facing the cathedral—fed, lodged, and cared for these travellers. The Duomo was originally dedicated to the local saints Ansanus, Savinus, Crescentius, and Victor, but by the 12th century was dedicated to the most beloved of all saints—the Virgin Mary.

Sienese artists were much admired for their distinctive style, evident from the late 13th century. Men like Duccio di Buoninsegna (d. 1319) refined painting traditions influenced by centuries of exposure to Byzantine art—with gold backgrounds, mournful and static Madonnas, forbidding crucifixions. Duccio created a style which responded to the civic religion of Siena, to the emotional devotion prompted by the Franciscan friars, creating a distinctive Tuscan style.

A blend of group solidarity and competition animated Sienese life in this period. All year long its neighbourhoods prepared for the summer city-wide horse races, the greatest *palio* on the feast of the Assumption in August. The vast palaces along its main thoroughfare were homes to wealthy families like the Saraceni, Piccolomini, and Chigi. Each was involved in Europe-wide affairs, but each also fostered its local identity through networks of kinship and patronage and a great deal of display. A council of nine men ruled the city for almost a century. It rendered accounts annually in public and ornate documents, and even occasionally brought in monks of the region to act as auditors.

Siena's public spaces help us understand how preaching affected city life. Sienese walls and doorways are still marked with the emblem IHS—*Ihesus*—a logo invented by the preacher Bernardino of Siena (1380–1444), whose fiery preaching we have already encountered. This was an image for devotion, not to the saints but to Jesus. Bernardino was appointed by the Sienese council to preach the reform of morals especially among its super-rich citizens. He used sarcasm, humour, and terrifying images, to lambast gambling, feasting, rich trousseaux for brides, homosexuality, and witchcraft. His pulpit can still be seen today, white marble under a blazing sun, as hot as the man and his message.

Association, guilds, and 'republics'

As the example of Siena shows, competing forms of political and social association developed in cities. Though the gap between the richest and the poorest was vast, cities also saw a great deal of cooperation. This was required by the processes of manufacture and social relations: the production of cloth involved several different crafts working in sequence; neighbours combined to improve their quality of life, ensuring the safety of life and limb. The shared responsibility for maintaining churches and city-walls, and for collecting taxes to support all of these efforts, meant that a great deal of collaboration, scrutiny, and discussion characterized city life.

Alongside the social hierarchy endorsed by kingship and the aristocratic cultures of European landed elites, another tradition developed, which was corporate or consultative, sometimes called republican. It was facilitated by the models of practice of ancient Rome, in the concept of liberty, in traditions of public debate, and in Roman law. The term *universitas*—the very word that begat 'university'—described the corporate entity of individuals with a common aim.

As a *universitas*, the corporate body made up of several members spoke in one voice. A good example is the craft guild in which a city's artisans or merchants combined for the promotion of their economic and political ends. Acting as a guild, they managed to negotiate good prices for raw materials—wool for weavers, wood for carpenters, livestock for butchers—to seek support for beneficial policies with the town council; or to agree the prices of their products or wares. The guild could also set the criteria for membership by the length and nature of apprenticeships, and by exercising control over the quality of its members' work. Guild members were bound by oaths of secrecy and loyalty against all others.

Each artisan or trader was stronger for being part of such a corporate body, and in turn had to obey its rules, pay a membership fee, and respect the prices set—or rather fixed—by it. Elaborate rituals bound guild members and their families, as did the neighbourhood which resulted from the location of a given craft in a single street. Many European streets are still named after them: 'rue des forgeurs' (Smiths' Street) or 'via dei Calzaiuoli' (Shoemakers' Street) bear testimony to the lives passed there in social, religious, and professional cooperation. Guild members habitually sought to marry their offspring to those of fellow members, thus ensuring the continuity of the occupation and its benefits within the family. The feast day of the guild's patron saint—St Luke for painters, St Honoré for bakers, St Eligius for goldsmiths—was celebrated, sometimes in a chapel built by and for the guild. On such occasions, religious ritual and social aspiration combined, as they did at the funerals of guild members, which all were expected to attend. So central were guilds to urban life, so crucial was the contribution of guildsmen to urban finances that in many cities guilds formed the basis for political representation, as delegates from each guild combined into the town council.

The model of corporate existence served many different ends. The inhabitants of the Alpine valley of Saanen (in the modern canton of Bern) combined in the 14th century to negotiate the purchase of their freedom and managed their affairs corporately in subsequent decades. A tiny republic developed in Gersau on Lake Lucerne in 1390, and managed its local affairs through consultation among male householders. Beyond the local, political entities occasionally identified shared interests over vast territories and created associations which adopted the term *Liga*. There was the Lombard League of Italian cities which associated for the purpose of political and military resistance to the Holy Roman Emperor and his allies. It developed in 1167 out of the association of northern cities and came to include members from central Italy too: Verona, Vicenza, Brescia, Milan, Bologna, Vercelli, and more. Memories of the League inspired in the 1990s the Northern league party in Italy, which sought regional autonomy within a federal Italy.

Elsewhere in the Empire association characterized both the urban and the aristocratic spheres. There were leagues of cities such as the Swabian League created in 1331 as an association privileged by freedoms granted by the Emperor, and a bulwark against his enemies. Cities like Augsburg, Ulm, and Heilbronn associated to raise armies and negotiate as a group. Such concerted work required an active bureaucracy with the powers to tax their citizens and conduct diplomacy—and even war—on behalf of member cities. Around 1307 a sworn association of Swiss cities—among them Bern, Fribourg, and Lucerne—joined a group of rural polities to create the Swiss Confederacy of cantons, which continued to grow into the 15th century.

Further north associational ideas became evident somewhat later. A powerful trading association brought together cities of the northern and Baltic spheres: the Hansa. It began as an association of merchants and developed, from 1356, as a league of over a hundred cities, led by the great port cities—Lübeck, Visby, Bergen, Hull—but including river ports deep inland in Germany and Flanders. The League awarded to Hanseatic traders rights in all its member cities. It raised armies, and forced dynasts—such as the King of Denmark in 1370—to allow free passage for its merchants. In the later 14th century the Hansa invested in maritime action against pirates, and negotiated for privileges effectively with the king of England. In this manner the associated cities, whose merchants traded in the 13th century mostly in raw materials of the north—fur, wood, metal ores, amber, rye—also developed a wide range of financial services and perfected the production of luxury goods.

This social and political lifestyle was associational, and autonomous of the dynastic spaces within which it existed. Merchants moved within the Hansa sphere with ease: a Rigan merchant might live, trade, and flourish in Bruges, and a merchant of Lübeck buy a house and raise a family in Bergen, while still maintaining close trading contacts with family members in Lübeck. This was also a cultural zone; parishioners in Bergen and Tallinn (Reval) worshipped in front of altarpieces made by artists from Bruges and Lübeck. The Hansa emphasized the freedom to trade within its sphere, and adopted republican Roman titles—such as Consul—for its officials. Thomas Mann's masterpiece *Buddenbrooks* (1901) captures some of the long-standing aspirations and much of the legacy of the Hanseatic social and economic system.

These types of horizontal associations are evident in different parts of Europe. Rulers sometimes promoted them—as we have seen in the case of the Swabian League—but other times feared and resented them. In 1388 Richard II, king of England, ordered a survey of all sworn associations in the kingdom. He saw in them a means by which wealth could be hidden from taxation, and subversive activities be planned in secret. The returns filed in chancery a year later documented a wealth of sworn groupings—the partial survey yielded over 600 responses—for the most part associations with modest religious and civic aims.

Laypeople in search of enhanced religious experience sought to associate in religious groups, variously known as brotherhoods, *confréries*, *hermandades*, or *Bruderschaften*. As a corporation they undertook collective initiatives: they collected membership fees, elected officials, took oaths of loyalty and secrecy, hired chaplains to pray for the souls of dead members, engaged preachers, had plays and hymns composed for their use, and commissioned artists to paint altarpieces for their chapels. Those who set up such initiatives preferred to join others like themselves—in wealth or disposition—whom they could trust. These corporate bodies sometimes used the language of kinship to emphasize the bond of loyalty and discretion between them.

The habit of association was strong in the European tradition. It was chosen by people of all estates as a mode of interaction which was safe and effective: one voice made up of many. Hence nobles associated in elite orders of chivalry, like the Order of St George, founded by Charles I of Hungary in 1326, or the Order of the Garter, created by Edward III in 1348. Less formal association was also available, for a particular purpose, on crusade or pilgrimage. That is just what Geoffrey Chaucer had in mind when he described a mixed group of pilgrims to Canterbury, a brotherhood for a while.

Chapter 3
The big idea: Christian salvation

In the course of the 14th century the religion born in Judaea, the offshoot of Judaism which for several centuries did not possess a name, became a growing and ultimately defining force—Christianity. Christians were known throughout the Roman Empire, not least for the spectacular, cruel persecutions they suffered under emperors like Diocletian (245–311) and Julian (330–63). Emperor Constantine (*c.*272–337) made the religion licit, and its tenets were publicly discussed in councils led by him. By the end of the 4th century it had become the official religion of the Roman Empire, replacing the cult of the emperor.

Christianity offered a route to personal salvation within a community of believers, thanks to the saving grace brought to the world by the Incarnation, the birth of God as the man Jesus. The early centuries had seen the emergence of Christian communities in cities around the Mediterranean, founded by apostles, led by bishops, guided in ritual life by priests and deacons. Christianity was alive throughout the Near East, in north Africa, and in large parts of Europe, but its message was universal.

Christian salvation

In Gaul, north Africa, Spain, and Italy, elite men, educated in the classical curriculum, trained for public service and its rewards, became the leaders of Christian Europe. Such men—and women largely within the family sphere—had begun to embrace Christianity in large numbers just as the political order around them was dramatically changing. For centuries the Empire had been sharing territory with barbarian people and their leaders. While defence of the Empire was increasingly handed over to these barbarian leaders, the Roman elite turned in large numbers to Christian leadership: the soldier-saints St Martin or St Germanus, the bishop-saints Ambrose (*c.*340–397) and later Augustine, each offered a model for Christian lives in the world. Senatorial families provided bishops and public servants. Men like Boethius (*c.*480–524) and Cassiodorus (*c.*485–*c.*585) were aware of the political changes affecting their world, under its new rulers. Through public service—which was the traditional vocation of men of their rank—they sought to defend the Christian ethos and Roman law.

Bishops now collected tax income that had once been paid to imperial governors and with it they fortified their cities against attack, ensured regular water and grain supply, built churches for growing communities, dealt summarily with vestiges of pagan worship, established charitable arrangements, and comforted their flocks at times of hardship. Bishop Vilicus of Metz (bishop 542–568) was praised for his foresight in storing grain and defending his city against invasion. A council of 585 instructed that bishops should not keep dogs, who might discourage those in need from approaching them. Bishops supported the aspirations of Christians by maintaining ritual and explaining beliefs, in the cathedral churches and baptisteries which soon adorned every city.

Classical lore had been produced within a pagan world: its poetry exalted gods and goddesses, its law imagined a god-like emperor as head of state, its philosophies offered routes to perfection that were vastly at odds with those of Christian morality. Between 300 and 600, a process was under way of 'Christianizing' that classical tradition. From Spain, we have Prudentius (348–413), lawyer and provincial governor, but also a poet, a Christian poet. He used his exquisite literary and rhetorical training—as befitted a Roman trained in the law—to Christian ends: composing poetry in praise of martyrs, ethical debates about the psychology of sin, and polemics against those who still espoused pagan sympathies. His exact contemporary Augustine attempted a similar—though vastly more ambitious—transformation in his *The City of God against the Pagans*, written after the traumatic sack of Rome by the Visigoths in 410. In this work of history and theology, Augustine reflected on the Roman past and criticized the pagan world view. He also offered an ethical programme Christian to the core, by which sinful humans might live in the world, while aspiring to the City of God. Augustine's work was fundamental to theological and political thought in subsequent centuries; its concepts were based on the philosophy, grammar, rhetoric, and poetics of late antiquity.

These Christian leaders used their education and social clout to celebrate and enhance their religion as it reached new peoples. The poet Venantius Fortunatus (*c.*530–609) provides a good example: he was born to a privileged family in northern Italy, was educated in Ravenna, the Ostrogothic capital, and then travelled north to become a public intellectual in the Frankish court. His poetry was based on the models of Ovid and Virgil, and it extolled Christian dynasts, charismatic abbesses, and devout virgins. Through efforts like his, Christian culture developed outside the clerical sphere and engaged a privileged laity: he composed poems to celebrate royal weddings and hymns for saints' days. He developed hagiographical writing—about the exemplary lives of Christian saints, like Radegund the princess-turned-abbess of Holy Cross in Poitiers—a distinctive new Christian genre.

Cities revered their saints and martyrs, those who had brought Christianity to their parts, some during the period of persecution, martyrs such as Ferreolus of Vienne or Symphronius of Arles. Saint Genovefa (*c.*419–*c.*512)—later known in French as Geneviève—was the well-born daughter of parents who owned estates not far from Paris. She was precocious in her religion, led a devout life from a house in Paris, and from there also encouraged Parisians as they faced attack from the Huns in 451. She was obeyed, admired, and treated as a saint after her death.

The robust and resilient Christian culture of Ireland produced several effective leaders in this period. St Columbanus (543–615), a missionary to recently converted Burgundy, settled with his followers in the ruins of a fort—*Luxovlum*, Luxeuil—with the support of a Burgundian courtier. A pattern of religious life grew there, which was later emulated by other communities. Here was the work of lay patron and religious enthusiast; here too was the implantation of Christian living within a rural setting, and its effect was felt throughout the region.

The extension of Christianity into areas which had had little contact with the Roman world was a greater challenge. The power of Christian rituals had to be demonstrated as true and efficacious. Like all religions, it had to nurture conversations with the dead, and support social relations. A dedicated elite of—often monastic—missionaries travelled from vibrant centres of Christian life to areas of encounter with pagans. The Life of St Barbatus recounts his conversion of the Lombards of Benevento in 663: he chopped down the tree where their rituals took place, dug up and pulverized its roots. Once Barbatus' power—and the impotence of the tree—was demonstrated, he was elected bishop of Benevento by his new Christian flock. So St Boniface (*c.*675–754) travelled from Wessex to Utrecht, to work alongside the missionary Willibrord among the Frisians. On a second journey he travelled to Rome for papal blessing of his mission, and turned to work among the Saxons, in north Hesse at the borders of the Frankish kingdom. The accounts of his life describe feats of confrontation with the sacred symbols of the Saxons, especially when he managed to destroy their sacred oak tree with impunity, a spot where a monastery was later built, at Fritzlar. Like many missionaries he died at the hands of those he sought to convert, on his last mission to Frisia. The Crusaders who attacked in 1168 the temple at Arkona, on the Baltic island of Rügen, removed the statue of the God Svantevit, chopped it up and used the wood to cook their dinner. Or so we are told....

Snorri Sturluson's *Heimskringla* of *c.*1230, a saga which recounts the deeds of the Norse kings, describes how King Olaf (*c.*960–1000) came to embrace Christianity. As a pagan Olaf visited a prophet who lived on the Scilly Islands, only to hear of his own destiny: to baptize and lead many others to the true religion. This later account none the less captures a tradition about the charismatic intervention that turned Olaf into the missionary king of Norway and Iceland. To rulers, like Olaf, who took great pride in their martial leadership and prowess, Christianity had to appear as a triumphant religion, one which would lead its followers to victory in the world as well as over death. And so, the figure of Christ—as represented in word and image—was made to seem victorious and majestic. On occasion the material culture and liturgy of Christianity could impress and overwhelm. So lively was the biblical scene performed to educate the Livs in 1205 that they ran away, thinking that the violence was aimed against them.

While these efforts to spread Christianity continued in the East and North, a religious culture was developing in its reach and impact on European elites from the courts of rulers in whose domains Christianity was securely established. Between 841 and 843 the Frankish noble woman Dhuoda wrote a book of guidance for her son William, recently called to the royal court of west Francia. The work is a love-offering by a caring and anxious mother, but it also shows how central the psalms were to an aristocrat of the 9th century. With hundreds of citations from the psalms, alongside references to Augustine, Dhuoda speaks of those intimate moments when her son prepares for sleep and recommends prayers for his safety. Dhuoda's work also shows that reading developed a sensibility and delicacy of feeling. Such skills and insights are here used by a mother for her son, but were equally useful for a judge in court, as for a priest caring for his flock. Just over a century later in a religious house for women, Gandersheim in Lower Saxony, Hrotswitha (935–*c.*1002) wrote comedies after the Roman Terence and plays and readings about the suffering of Christian martyrs, among them many women. In a religious house for high-born women, she had excellent Latin, and so produced verses in the metre used by Homer in the *Iliad*. The reach of European Christian culture was such that Hrotswitha and her sisters in Saxony were aware of and felt sympathy for those Christians who had suffered martyrdom in Muslim Cordoba Spain in the 850s; she dedicated a poem to them.

Monastic ideas and practices

The desire to seek salvation through personal hardship and to fight sin in dedicated communities outside the bustle of daily life inspired several experiments in solitary or isolated living, like those of Columbanus. A model for religious life within a community was formulated in the 6th century by the monk Benedict of Nursia (*c.*480–*c.*547). The son of a landed Umbrian family, following his education Benedict embarked on a religious quest in solitude, and lived for a number of years in the hills around Subiaco. He founded and guided religious communities in the area, and ultimately led his own monastery at Monte Cassino from 529, along the principles summarized in his Rule. His became an influential vision of Christian perfection, an enduring achievement in religious organization that was soon adopted in hundreds of religious houses all over Europe.

Inspired by earlier experiments in collective religious life, Benedict's vision recommended a balanced life style for sustainable communities. At the heart of the monastic experience was personal striving in a collective setting. The communal aspect meant that no individual could own personal wealth or belongings, nor sustain ascetic devotions unchecked. At the head of the monastery stood its elected spiritual leader, the abbot; like all fathers he guided but also disciplined and punished. The work of God—*opus dei*—flowed in a continuous offering of prayer and collective worship. But there were other tasks to be done—labour—in cellars and gardens, to ensure that food was ready to be taken communally, that sick monks were nursed, and above all that monks were not idle.

Life in the Benedictine house was supported by produce and income from agricultural land, endowments created by founders and benefactors as perpetual gifts. Grateful recipients of miraculous cures at monastic shrines added to a house's wealth. When the lady Ricburgis visited the shrine of St Gertrude at Nivelle in 785, she gained a cure. In return she handed over to the nunnery 12 manors and their serfs, as well as a church of which she was the patron. More modest folk showed their appreciation in other ways. Following cure at the shrine of the boy-martyr William of Norwich, in the 1150s, a 10-year-old boy from the village of Wortham in Suffolk offered himself to Norwich Cathedral priory in service for life.

Administering the monastery involved contact between monks and the outer world: in the supervision of agricultural labour, marketing of produce, entertainment of benefactors, interaction with local bishops, and care for pilgrims in those monasteries which were homes to saints' shrines. These tasks were usually allocated to experienced obedientiaries, office holders in discrete areas of responsibility, while laymen were employed to execute legal and commercial tasks. The intrusion of worldly activities and concerns into the monastery created perennial tensions; it sometimes required that monks abandon the basic principle of monastic life, stability—*stabilitas loci*.

All these difficulties were compounded in the case of female religious houses, for nuns depended on men not only in the field, marketplace, and court, but also for divine office and celebration of the sacraments. Some monastic leaders offered pastoral guidance to women. Caesarius of Arles (*c.*468–542) composed in 512 a rule for the nuns led by his sister. It emphasized strict enclosure; unlike monks, the nuns were never to entertain religious dignitaries, and could dine only with other religious women. The monk Rudolf of Fulda wrote in 836 a hagiographical text, The Life of St Leoba, and sent a copy to the Saxon nun Hathumoda (840–74), so she 'might have something to read with pleasure and to imitate conscientiously'. In some places 'double' monasteries were created side by side. Indeed, both Columbanus, whom we have encountered in Luxeuil, and Brigit of Kildare (*c.*451–525), founded such double communities. Influence from Gaul inspired similar Anglo-Saxon experiments: under St Hilda at Whitby, and St Etheldreda at Ely. In all these cases, powerful women, royal by birth or marriage, were involved in the foundations, and their authority and charisma allowed them also to assume leadership within them. The tradition of dual religious houses was not sustainable in the long run, although it had its occasional advocates over the centuries—like St Gilbert of Sempringham (*c.*1083–1190) in England, or Bridget of Sweden (1303–73). Complaints about abuses prompted bishops and popes to establish different pathways for men and women even within a single order: like the Cistercians, Franciscans, and Dominicans in later centuries. On average, women's religious houses received less generous endowments; hence they were usually smaller and more economically vulnerable.

The Benedictine rule formed the basis for reform initiatives in almost every century. In 910 William, Duke of Aquitaine, granted some woodland to Berno, first abbot of Cluny in Burgundy. Here a religious 'order' was born, with daughters under the leadership of the mother house. Its message was one of incessant and elaborate prayer, freedom from all supervision save that of the pope, within architectural settings of enhanced luxury: with carved pillars, luxurious vessels for the celebration of the divine office, elaborate chant. Cluniac houses attracted aristocratic and royal founders and high-born recruits. They offered a monastic experience for the elite, magnificent and sumptuous.

At the end of the 11th century another attempt at reform developed, when a group of monks gathered around St Robert of Molesme (*c*.1029–1111)—member of a knightly family from Champagne—for an experiment in rigorous monastic living in Cîteaux, in Burgundy. Their vision was not of incessant prayer, but rather of labour. In inhospitable environments, and on marginal lands, the Cistercians sought wilderness as escape from the world. Their quest for seclusion and hard work coincided with the trends of economic growth at that time: the clearing of hitherto uninhabited lands, and the development of more intensive forms of agriculture to feed a fast growing population. Cistercian houses managed thriving farms—granges—under the care of committed brothers and with the labour of lay converts, who were welcomed into the order, in Yorkshire, Tuscany, Wales, Bohemia, and Pomerania. The resulting accumulation of wealth allowed them to develop excellent libraries, and buildings that were well laid out and built. Their innovative recruitment policy, which allowed laymen unschooled in Latin to join as brother-labourers—*conversi*—made the Cistercian Order extremely fashionable and thus popular in the 12th and 13th centuries.

Leaders of the Cistercian movement—for its houses were closely knit and ultimately became an order—sought to enforce uniformity and rigour in all houses by having groups from established monasteries found new ones. And so, Cistercians from Fountains in Yorkshire founded in 1146 the first Norwegian house, at Lyse, near Bergen. Yet it is also clear that each house responded to local religious styles and enthusiasms. The Cistercians of England were among the first to adopt the feast of the new saint Thomas Becket in the 1170s, those of Kołbacz Abbey in Pomerania dedicated a chapel to St Otto, the region's patron saint, while in Scotland, Melrose Abbey maintained a chapel to St Bride. Networks of kinship affected recruitment: early in the 13th century at the Danish house of Løgum the Cantor (in charge of the choir) had a brother among the lay brethren. The Cistercian congregation soon numbered hundreds of houses, with their unadorned churches and simple chant. The most celebrated Cistercian thinker, Bernard of Clairvaux (1090–1153), was a mystic, theologian, and polemicist. He captured the ardour of early Cistercian life, when he lambasted the artworks of other monastic orders. While monks attempted to read the holy scripture they were diverted by the images around them: 'What are the filthy apes doing there? The fierce lions? The monstrous centaurs?', he asked.

It is hard to identify the motivations which led young people to join the religious life, since our sources are often hagiographical in tone, and celebrate the later life of a monastic saint. Some families solved their problems by placing members in a monastic house; some rulers exiled enemies to them. Up to the 12th century it was possible to offer children to religious houses, as oblates—*oblati*—literally, offerings. Thereafter adult consent was officially required before joining. Many worldly folk chose to retire in religious houses, doing penance for lives of sin in relative comfort and security. Some of the attraction may have been in that religious houses were centres of extraordinary activity in education, learning, music, art, gardening, medicine, and all these activities offered possibilities for personal development, while fulfilling a religious vocation. Abbess Hathumoda of Gandersheim in Saxony was described by her biographer-monk as wrestling with her demanding role as abbess: 'She pondered what it meant to be called mother... and desired to be loved rather than feared.' Abbess Hildegard of Bingen (1098–1179) developed a life of leadership, scholarship, mysticism even as she became involved in ecclesiastical politics.

Religious houses were smallish organizations, whose members all knew each other, and yet were diverse by age and disposition. A monastery had its discrete departments: cellar, kitchen, writing workshop (*scriptorium*), infirmary, school, choir; and in these drudgery and accomplishment were combined. Collective practices created great intimacy: some 8th century Anglo-Saxon monastic scribes perfected the ability to write in a distinctive and identical bookhand. Like all institutions, these harboured mean-spirited and bossy people, alongside kind and helpful ones. Away from family and friends, monasteries nurtured deep and passionate friendships as well as jealousy and sad frustration.

Each monastery was also part of a larger network of patronage and cooperation. This was clearest in the case of orders, but it worked through regional networks too. The book created by Herrad of Landsberg, abbess of Hohenburg Abbey in Alsace between 1167 and 1185—the *Hortus deliciarum* (Garden of Delights)—was a wonderful illuminated manuscript of theological, literary, and musical knowledge for her nuns. It was achieved through careful compilation from manuscripts borrowed by Herrad from the neighbouring monastery of Marbach. Intense correspondences bound religious houses and their members: letters were often read aloud by the messengers who delivered them. Monasteries were also bound as associations offering prayers for the dead; St Evroul's in Normandy was associated with 87 other houses for mutual prayer; St Martial of Limoges, with 37. Parchment rolls containing the names of the dead were circulated between religious houses, prompting reciprocal prayer for the souls of the deceased.

Some of the most important debates about the tenets of Christianity took place within and between monasteries. Some of the earliest discussions of the nature of the sacraments, particularly the eucharist, took place between two monks—Paschasius and Ratramnus—in a single monastery, Corbie in Picardy, in the 830s.

In 12th century England monks disputed heatedly the wisdom of celebrating the feast of the Virgin Mary's Conception, an event which is not recorded in the gospels. Polemics developed between monastic orders as every newly founded order criticized the old and established for laxity and abuse. Important new theological approaches and insights flowed from the pens of monks and nuns: the influential formulation which explained why God had to become incarnate was developed by the monk Anselm (*c.*1033–1109), an Italian monk who became archbishop of Canterbury, in his *Cur Deus Homo*. These debates were expressed with the flourishes of classical rhetoric, citation of biblical authorities, and sometimes developed into impassioned personal campaigns.

Monastic houses affected religious culture far beyond the convent walls. Monasteries became centres for religious writing in the vernacular languages, often for the religious care of nuns. They were centres for the production of works of art. For rural Europeans the most visible representation of Christian life—definitely the most impressive—was a monastery. Religious institutions were relatively long-lasting; they maintained the cults of local saints, occasionally offered pastoral care, and made distributions of food on feast days and at times of need. Recruitment to monasteries was usually local, so networks of landholding and local influence were also invested in these religious houses.

Some of the more notable monastic strivers became so famous that their death inspired expectations of miraculous happenings. When Adelheid of Villich (*c.*970–1015) of Cologne died away from the religious house for canonesses she had founded, the bishop of Cologne was eager to keep her body in his cathedral, as a focus for pilgrimage and cult. Her sisters managed to secure her return for burial in the cloister grounds, as had been her wish. Yet success bred disruptions; as so many religious houses discovered, the needs of pilgrims and their joyous celebrations disrupted the calm sought by their communities.

The relationship between religious houses and local parishes—once these became established all over Europe in the course of the 12th century—was complex. Monasteries enriched the religious routines of the nearby parish through formal and informal influences. Such exchange was imagined in an instructive tale recounted by the Cistercian monk Caesarius of Heisterbach (1199–1240). A priest of the diocese of Trier spent some time in a Cistercian monastery and learned there the antiphon *Salve regina, mater misericordie* (Hail Queen, Mother of Mercy). This hymn served him well, for when he was caught in a storm some time later and took refuge in a church, he begged Mary to calm the thunder, and was rewarded since he had sung her antiphon so often and with true devotion.

The Church in search of liberty

With the growth of the European economy and the decline of the frequency of disruptive invasions, a more integrated Europe was emerging soon after the year 1000. Recent conversion had brought Iceland as well as Bohemia into the religious and dynastic fold of Europe, Poland as well as Denmark. Migration from the more densely settled west to the east meant that intensive agrarian methods were spread, so more plentiful foodstuff was grown to support growing populations. In many of these activities ecclesiastical institutions—monasteries above all—led the way: they were a relatively stable presence, endowed by members of local elites, and home to recruits from those classes too. Monasteries were sometimes vanguards of political and economic power: when Guifred, Count of Urgel repopulated Catalonia in the late 9th century, he did so with monasteries planted in the plain of Urgel.

Bishops led their surrounding diocese from churches that came to be known as cathedrals, after the bishop's throne—*cathedra*. Most European cities had a baptismal church where the lives of local people became Christian. The most prominent cities—old Roman *civitates*, hence the word city—served as administrative centres for ecclesiastical and secular affairs. Even as other churches and chapels were built at the tombs of saints, these existed in subordination to the baptismal church, the city's mother church.

Despite the influence of religious houses, the occasional support of landed families, and the sporadic inspiration of holy people, provision in the countryside was patchy, and until the 12th century bore little uniformity across Europe. Aristocratic households had their domestic chaplains, and their members were able to found monasteries and nunneries. Landlords built churches on their estates for their dependants; they appointed priests and furnished the needs of the altar. Bishops played an important role in offering centres for training of the clergy in cathedral schools. Before 1000 it was still possible for married men to become priests and to maintain their families.

However far it may have seemed from some of Europe's provinces, Rome was an unrivalled Christian centre. Imperial symbolism was still palpable in the rituals of the papacy: vestments, chant, and titles. Popes promoted not only local Roman saints—the martyrs Peter and Paul, Nereus and Achilleus—but also the cult of the Virgin Mary, which had developed early and vigorously in Constantinople. In Rome, Charlemagne sought to be crowned in the year 800. Later German kings sought elevation there too. It was indeed such a Holy Roman Emperor—Henry III (1017–56)—who encouraged the conception of the Church in the world as a hierarchical bureaucratic structure with the pope as its head. Popes—as bishops of the unique city of Rome and vicars of Christ on earth—invested bishops with their office and authority, and these in turn supervised the diocese and all its believers like good shepherds. Or so was the ideal.

The vision now emanating from Rome was one of Church hierarchy and discipline, and of freedom from secular powers—*libertas ecclesiae*, freedom of the Church. Similar ideas had been expressed earlier in the century by the Peace of God movement in northern France, which urged the Church to use its authority to control knightly violence and protect the vulnerable; or by the Pataria in Milan, which protested against the princely clerical dynasties that controlled the prestigious Milanese church. The idea of freedom had been developed in a more limited sense already by the order of Cluny, accountable to Rome alone and to no other secular authority. Pope Gregory VII (*c.*1015–85) led the reform; he never stopped being the Cluniac monk Hildebrand of his earlier vocation.

The powerful concept of Church liberty, with its roots in Roman conceptions of *libertas*, was promoted by Gregory VII, and it inspired new theological, legal, and diplomatic activity. Gregory sought to make the Church free in its appointments from imperial and royal intervention so as to allow the holders of ecclesiastical offices to act freely, not as clients of great men. The practice of payment for ecclesiastical office—named simony—and of promoting unsuitable relatives to ecclesiastical offices—called Nicolaitism—was deeply embedded, and papal polemicists set out to achieve a major shift in attitude, by deeming it an intolerable abuse. Gregory VII used legates—ambassadors empowered to act in all parts of Europe—to argue the papacy's case and apply it in local contexts.

Such a shift in aspirations was bound to become a political struggle over the authority to appoint bishops, to convene Christian courts, to legislate and correct marriage, to define the ethics of warfare and business, and occasionally—of necessity—to correct rulers. It brought Gregory into conflict with the Emperor of his day, Henry IV (1050–1106), and led to the spiritual leader's use of the ultimate weapon: excommunication of the Emperor from the rituals of Christian life. A dramatic showdown obliged Henry IV to seek reconciliation with the pope in a degrading ritual of penance, at Canossa in 1077. In societies where traditions of sacred kinship had taken root, in which kings were charismatic military leaders who expected loyalty from their men, how was this ambitious new vision of a Christian society guided by its priests to be achieved?

The 12th century saw several similar clashes between rulers and bishops who upheld the 'liberty' of the Church—its autonomy in spiritual matters. The struggle between pope and Emperor occasionally resulted in schisms over the choice of pope. In 1159 Europe's rulers were called to decide which of two popes—both elected by the cardinals in Rome—they recognized: Alexander III or Victor IV. The former, an extremely active legislator and leader, was supported by all but Emperor Frederick I and the imperial bishops. Such dysfunction had very practical results, for during such a schism who was to receive the tithes paid by believers? Appoint bishops? Decide in cases of appeals to Rome?

The papacy's claims came up against the jurisdiction of royal justice, particularly over the legal status of the clergy. On occasion kings acted against bishops in a combination of principle and whimsy. And so, one of the first native Slav bishops of Poland, Stanisław (1030–79), an educated and effective leader, met his death as a martyr at the command of the king he had served, Bolesław II. At issue were a series of confrontations over ecclesiastical property, but also the right of a bishop to chastise the morality of a king. The rift between Henry II (1133–89), king of England, and his erstwhile chancellor, advisor, and friend, later Archbishop of Canterbury, Thomas Becket (*c.*1118–70), was caused among other issues by disputes over the right to bring priests to court, and the authority of the pope in England. When Becket was murdered in his cathedral the response to his speedy canonization in 1173 as a martyr was vibrant and widespread: Thomas was an English saint, but his story made sense far beyond the English Channel.

Ultimately, kings and prelates developed an accommodation, for rulers depended on the ritual support and the training only churchmen could provide, while Church institutions depended on the protection and privileges which kings alone could assure. And so by the year 1200 dynastic rulers shared jurisdiction over their people with Church courts. In these a vast array of business was transacted: probate, trials for blasphemy and heresy, as well as the all-important business of marriage that touched the lives of all.

Parish Christianity

After *c.*1200 Christian beliefs and practices were disseminated widely and regularly to Europeans in some 90,000 parishes. The parish church became a familiar space over a lifetime of worship—frequent or infrequent—where individuals and families celebrated the most important moments of their lives. In northern Europe churches were built in wood, in its south, in stone, and their ornamentation and furnishings depended a great deal on who worshipped within. Priests and communities shared the responsibility for maintenance of church fabric, but if a rich patron took charge then a parish church might acquire magnificent paintings, a bell tower, a fine altarpiece and—after 1000—some statues, and later decorated windows too. Parish churches were beautified with the handicraft of their people: the embroidered cloths for the altar made by women, or the careful maintenance of fabric by men. How well the parish functioned and how much it offered in religious education and spiritual consolation depended on the parish priest, his training and motivation, and on the vigilance of the bishop to whose diocese it belonged. Bishops aimed to provide helpful manuals for the struggling priest, model sermons, and lists of questions to guide confession. Townspeople benefited from variety in religious services—in parishes, guild-chapels, and cathedrals, indoors and out—offered by preachers and religious teachers with sermons and religious drama.

Many of these arrangements were transformed between 1100 and 1200 through concerted efforts of bishops and secular rulers (Box 2). A system of parishes now prevailed, some based on long-standing arrangements for provision of pastoral care. Each

Box 2 The Fourth Lateran Council

Pope Innocent III (1160–1216) spent over two years planning this ecumenical—world-embracing—council. In November 1215, 412 bishops, 900 abbots, and many representatives of secular rulers gathered at the papal palace in Rome, for discussions over the next three weeks (Figure 7). These resulted in some 70 determinations—canons—which addressed central aspects of religious life, with special attention to provision for lay people in the parishes, and the correction of heresy. In the decades that followed bishops legislated on the basis of these canons, in their local synods, and so spread a shared blueprint for Christian life all over Europe. The Council made important and lasting provisions: it made belief in transubstantiation an article of faith and established the requirement of all believers to attend confession and receive communion every year. The Council also required that Jews and Muslims wear a distinguishing mark on their clothing, so as to discourage mixing with Christians; and called for a new crusade to the Holy Land.

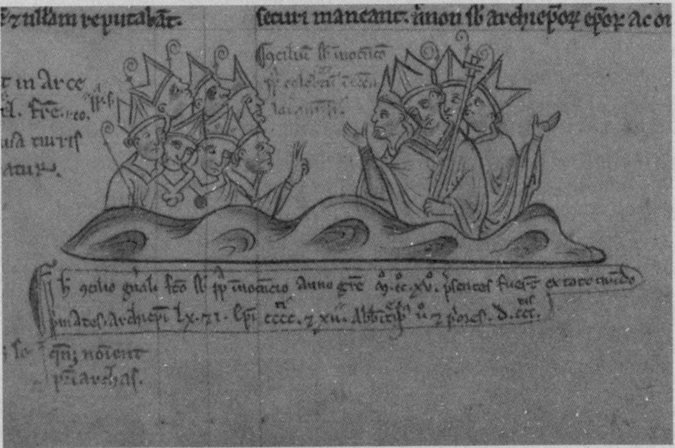

7. The English monk-chronicler Matthew Paris depicts the heated discussions at the Fourth Lateran Council of 1215, where a wide programme for Christian life was promulgated

parish was a unit of liturgy and bureaucracy, of discipline and the payment of tithes. Parishes across Europe ranged from small and numerous, such as those of a city like York, to vast and rural, as found in Pomerania and Livonia. Parish Christianity was a combination of ritual, instruction, participation, and contribution by the laity under the guidance of priests, and from *c.*1250, with the help of lay churchwardens too.

The parish church was many things: a meeting place, a safe-haven, a storage space, and a ritual platform. Important points in the life-cycle were associated with church rituals, and were celebrated within parish churches or near them: birth, coming of age, marriage, and death. The Church's great treasure—saving grace—was conveyed by priests to parishioners through the sacraments. Baptism erased the stain of original sin (Figure 8), which was passed on to the foetus at conception, and created spiritual companions—godparents—who committed themselves to support the new Christian. At puberty the Christian's faith was confirmed with a boost of grace conveyed with the touch of blessed aromatic oil—chrism—from the hand of a bishop; from then on the individual combated sin with the aid of annual confession and the penance that followed (Figure 8). Marriage was undertaken for the creation of Christian households and to aid the bridling of sinful desire.

Every adult was obliged to confess annually and perform the penance enjoined by the priest, all in preparation for deserving reception of the bread consecrated at the altar during the mass—the bread which was thus transformed into Christ's flesh and blood, in a process which came to be named transubstantiation. The Saga of Pál Jónsson (1155–1211), Bishop of Skálholt in Iceland, recounts that he deemed the mass so momentous a sacrament as to replace the need for frequent preaching. At the end of life, as they faced the uncertain journey beyond death, the sacrament of extreme unction was administered, the last boost of grace, offered by

8. Lorenzo Maitani's carving on the façade of Orvieto cathedral, (*c*.1310–20) depicts the scene of Adam and Eve's temptation

a priest at the deathbed. It was preceded by confession and communion, and took the form of anointing with holy chrism.

The parish served not only the living, but also their dead. Care for the dead was traditionally the responsibility of families. Frankish and Visigothic laws supported the dignity of the dead by severe legislation against grave robbers. With the rise of the parish, the dead were remembered in all services, and parish priests offered guidance in preparation for death, which could occur at any moment. While holy people went to paradise and

9. Carving of *c*.1110–50 above the portal of the Abbey of St Foy in Conques, vividly depicting the joy of the elect on the left, and the suffering of the damned, on the right, as they enter the mouth of Hell

evil ones to hell (Figure 9), most folk probably understood themselves—and their loved ones—as belonging to neither category. Parish instruction was guided by developments in theology, and saw the introduction around the year 1200 of more precise teachings about Purgatory. This was a place of cleansing—purgation—through suffering and anguish, at the end of which the purged person merited a place in heaven. The length of time spent in purgatory could not be known, and so people were encouraged to gather as much merit as they could—through prayer, good works, and, indeed, prayers on their behalf after death by priests and well-wishers—and hope their suffering would thus be mitigated if not avoided altogether. As in so many cases, the rich could indulge their anxiety and also express their devotion to dead loved ones, by setting up elaborate arrangements for prayer in their lifetime or leaving instructions for such in their wills: in chapels and chantries, and by establishing charitable institutions whose poor generated grateful prayer. Ghost stories often told of a husband returning from the dead to his widow, to admonish her for failing to provide the prayer for his soul set out in his will.

The parish encompassed all areas of life, from cradle to grave. Alongside its planning and provision for a ritual life that matched the complexities of human experience, the Church enforced a regime of truth and scrutiny. Throughout the 12th century it developed techniques for searching the conscience in preparation for confession. The more generic and often public penance of the earlier centuries gave way to probing of circumstance and intention in judging an act: who? what? where? through whom? when? how many times? why? The discipline engaged a vast bureaucracy in its church courts, in visitations of parishes, and in special courts charged with seeking out and correcting heresy, the papal inquisition. Heresy, the 'queen of mistruths', clearly required treatment by torture, 'queen of torment'. The use of torture was rare, and disciplines most frequently worked through the fear of banishment from community life. The sanction of excommunication—being set outside communion with Christians—meant that a person thus punished could not receive the sacraments, or participate in church services. It was meant to force people to admit their guilt, repent, confess, and do penance. An interdict was another form of discipline, pronounced against a whole people, usually in order to coerce a ruler to papal will. And so, it was imposed on England between 1208 and 1213, following King John's refusal to accept the pope's appointee as archbishop of Canterbury. In 1376, the city of Florence was placed under interdict during its territorial war with the papacy, so the Florentines drilled holes in church walls in order to observe the services being conducted within religious houses.

Beyond the parish

Those who could not afford to join a religious institution could pursue the route of seclusion as solitary hermits in woods, on mountain tops, in remote uninhabited places. This was an option open to men alone, since women's lives were supervised by men. Yet a few women were able to live in seclusion within their communities, immured close to parish churches, in cell-like dwellings, as anchoresses.

For the more sociable, pilgrimage was an exciting pathway towards cure and penance. While the rich and powerful could travel to those places intimately associated with the Christian story, like Rome and Jerusalem, most people visited their local shrines. Visits to sacred places—be they the tomb of saint or martyr, or shrine for the veneration of a relic—inspired a travel literature which allowed the experiences of the few to reach many more. By the end of the 8th century the *Einsiedeln Itinerary* described for Frankish audiences several trajectories across the city of Rome, while in later centuries a 'virtual pilgrimage' experience was enabled by altarpieces and prayer books which allowed enclosed religious none the less to imagine themselves in the holy places.

The scheme for salvation offered by the Christian Church was based on intricate blending of belief with the practices of daily life. Throughout our period there were those who saw Christian life in the world as too lax, and the Church as too much involved in worldly affairs. Periodic movements of reform sought to remedy this tension. It was sometimes the very individuals most engaged in the world who became its greatest critics. The merchant of Lyon, Valdès (*c.*1140–*c.*1218), gave away his riches and preached poverty to the laity with his band of male and female followers, later known as Waldensians. Francis of Assisi (*c.*1181–1226), son of a rich merchant of Assisi, lived the privileged life of a young man in an Umbrian city, but turned to the gospel of poverty in the midst of commercial wealth and civic ambition. Franciscans created a new—and initially alarming—form of religious life which flew in the face of the emergent parish system. They did not initially receive ordination, or serve a parish, but were free agents whose lives offered an example and their preaching, exhortation.

They lived as beggars and preached in the local languages. So remarkable was its possible contribution that this counter-cultural movement was authorized by the papacy as its very own secret weapon in the struggle against apathy. By licensing the Franciscans and seeking their loyalty Pope Innocent III (1160–1216) invited the harshest critics of religious 'business as usual' into his tent. Hundreds of friars' convents were created all over Europe, supported by the laity. Their arrival in Denmark may be typical: a group of barefoot Franciscans entered the town of Ribe in 1232, and the town gave them a house; over the next few years friaries were built in several other Danish towns, and endowed by secular benefactors.

It is not surprising that parish priests and bishops resented this intrusion. If people preferred to attend the services offered by the new arrivals, what was to become of the parish as the focus of religious experience, and as the recipient of laypeople's support? The parish priest was a consummate multi-tasker: he celebrated the daily office, visited the sick, cared for the needy, managed parish property, instructed the young—while the friars were specialist preachers. The orders of friars supported their members during university study with comfortable residences and libraries, and also trained their members in hundreds of convents all over Europe (Figure 10). They provided Europe with some of its most influential thinkers, among others the Franciscan mystic and theologian Bonaventure (1221–74), and his exact contemporary, the greatest medieval theologian, the Dominican Thomas Aquinas (1225–74), and the greatest scientist of the age—expert in astronomy, optics, and more—the Franciscan Roger Bacon (1214–94), the possible inventor of spectacles. Like most charismatic movements, the friars developed a less demanding lifestyle over time. In turn, satirical treatment lampooned friars and their ways, as did Geoffrey Chaucer in his pilgrim Friar, described as 'wanton and merry', full of gossip and 'fair language'.

In the earlier centuries of our period, much cultural discussion and production took place in monasteries or in courts. With

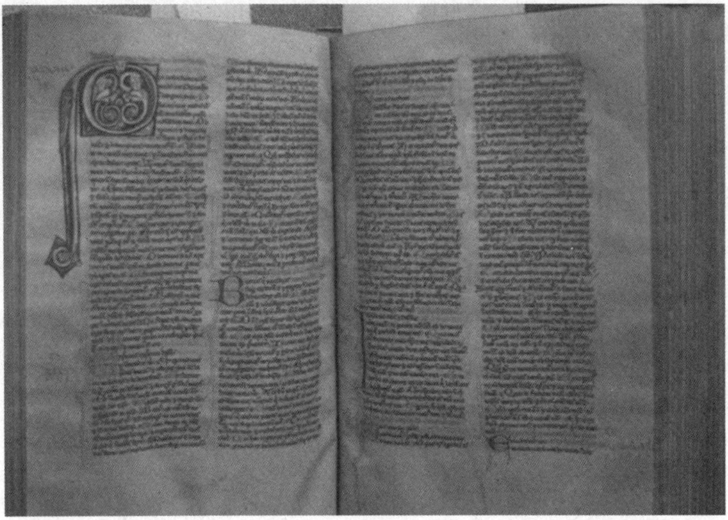

10. Bible, probably from Oxford (*c.*1250)—a new type of book for the use of scholars, like the Dominicans for which it was made. It is portable, clearly laid out, and easy for reference

parish religion and the sacramental life-cycle new qualities influenced religious experience. One of the most apparent is the attachment to the Virgin Mary. The imperial cast of majesty given her in 5th and 6th century Byzantium, a style adopted in the court artists of the Carolingian and Ottonian Empire as well as by Anglo-Saxon artists, was transformed over the 12th century into something new: the Virgin Mary as a mother at home, engaged with her son, at work, prayer, and play. Moreover, the humble supplications which monks had developed over the centuries were now spoken in all languages, from Hungarian to Provençal, Icelandic to Catalan. The Mary experience was accessible, and it resonated with life as most Europeans knew it.

The drama of salvation penetrated the parishes in sermons, artworks, and liturgy. The devotion which exalted the crucified Christ and fostered sympathy with the suffering God, born in the monasteries of the 11th century, was now a message for townspeople too, through the preaching of the friars. Francis himself exhibited unique identification with Christ by receiving five telling wounds—mirroring those on Christ's body, on his two hands, two feet, and on his side—the *stigmata*. Believers were encouraged to identify with the sorrow of God, and of his grieving mother (Figure 11), and some went so far as to devote their leisure to the re-enactment of this compassion: in religious clubs dedicated to reciting devotional poetry, some accompanied by self-flagellation. As believers were drawn to a heightened sensibility to the Crucifixion during Lent and Holy Week, the difference between Christians and Jews was sensed most viscerally, prompting abuse and violence.

The involvement of lay people in religious activities was particularly noticeable in cities, where there was great wealth, and where the

11. This Sculpted group by Niccolo dell'Arca for Santa Maria della Vita in Bologna *c*.1462/3, conveying the emotional intensity which became associated with the contemplation of Christ's Passion, and which Christian audiences were invited to explore

fostering of civic activities was at the core of existence. We have seen how central shared rituals were to a city like Siena. The participation of lay people as religious agents was now widespread, and it allowed women to become more visible too. Among the saints canonized after 1250 there are many more lay people, and many more women. And among those who were just admired in their communities were married women, widows, women of no learning, and visionaries. In the cities of the Low Countries and north Germany groups of women—beguines—combined manual labour in textile or lacemaking with charitable works, forming something like a parish unto themselves within a bustling city. Several assemblages of buildings—*beguinages* or *begijnhoven*—like those of Bruges and Ghent still convey the sense of order, modesty, and calm created by these busy religious women. They attracted suspicion and displeasure from some, but several far-sighted bishops and confessors understood how inspiring such women could be.

European regions bred their own versions of religious identity. The cities of Flanders and Italy, where the gap between rich and poor was so stark, and where the mutations of worldly fortune were particularly acute, produced a gospel of radical poverty. The region of Languedoc in southern France with its distinctive Occitan culture, as well as some parts of northern and central Italy, received by the mid-12th century a brand of religion which we may call dualist, and it came to be known as Cathar. It espoused a cosmology in which two principles—one material and passing, the other spiritual and lasting—were at war.

Cathars rejected the sacraments which infused matter with grace, and recognized but one ritual act, the *consolamentum*, received by the most perfect Cathars. Cathars were led by the preaching of 'good' men and women, towards disassociation from flesh, sex, and power. The king of France and the pope combined in an attempt to bring Languedoc into the kingdom of France, and Cathars into the Catholic fold, in campaigns that have come to be known as the Albigensian Crusade (1209–29). As the northern army commanded by Simon IV de Montfort (1165–1218) confronted those of the Count of Toulouse, thousands were slaughtered in Cathar strongholds, like Béziers and Carcassonne. The Cathar religion was largely destroyed, but its beliefs still permeated Christian life a century later. The dualist tone of the villagers of Montaillou attracted the bishop of Pamiers' inquisition between 1318 and 1324, and the resulting trial records contain the most detailed testimonies about these often complex religious beliefs.

Once lay people became involved in the making of religious life, it was impossible to contain the habit of inventive public religion. This was most evident at times of great distress. The response to the Black Death (1347–52) came in the form of many new associations: burial societies, flagellant associations, and novel arrangements for commemoration of the dead. Anyone who could afford it aimed to amplify the provision of prayers for themselves and their loved ones. Initiatives that called for Church reform took many different forms. In Bohemia a sentiment of ethnic identity was channelled into resistance to a largely German-speaking clergy. Inspired by the university theologian Jan Hus (1369–1415) a widespread movement—the Hussites—sought political independence from the Empire, and reform of the sacraments. In consequence, Hus was executed and the Emperor led a crusade against the offending region.

Although a priest was always required for the celebration of the sacraments, lay people—ranging from rich merchants to artisans, including men and women—sometimes preferred to go it alone. Some enriched their lives with books and images to hand, with regular access to a favourite preacher, or through connection with a religious house. In Flemish cities the Modern Devotion bypassed almost altogether involvement with the clergy, as its members concentrated on good works, reading of the Bible and devotional writings, while still remaining active in the world. Demand for devotional images, generated by this knowing laity, encouraged artisans to create the first engravings, and then a few decades later, the first woodcuts, the fledglings of the print revolution. By the early 15th century it was possible to buy strips of religious images, mechanically reproduced engravings, and these were sometimes hung on walls, or sewn into prayers books, especially those of religious women.

In Italian cities the 15th century saw an interest in the religious inspiration offered by children. Religious companies for youths, like the Company of the Archangel Raphael founded in Florence in 1411, displayed the purity and innocence of the young in processions, and enjoyed their musical performances. At the very end of our period the infamous charismatic preacher Girolamo Savonarola (1452–98) managed to infect Florence in the 1490s with religious enthusiasm, and employed youths in penitential processions, aimed at chastising sinners. On Palm Sunday boys and girls processed dressed in white, olive branches in their hair, and crosses in their hands. Renaissance Florence was clearly attuned to some very traditional modes of religious experience, which cannot simply be assigned to practices of the 'Middle Ages'. Savonarola was hanged and burned as a heretic in 1498, a sign of the volatility and diversity of these styles of religious devotion and their political resonances.

Chapter 4
Kingship, lordship, and government

Sacred kingship

We have already observed the dynamic blending between the legacy of Christian imperial rule, and the charismatic martial lordship which prevailed among Germanic people. This process resulted in the emergence of sacred kingship as a concept and a practice. It caused the aspirations of dynasts to merge with ideas of justice, mercy, and rule by the grace of God. This was a challenging blend which intellectuals strove to inculcate and which powerful men struggled to fulfil.

After their conversion to Christianity, barbarian rulers adopted imperial ritual and symbols. Such leaders of confederations of kin groups were magnified into Christian rulers. By the year 800 Charlemagne demonstrated that a king could even claim the title of emperor. And by the year 1000 the concept of *beata stirps*—blessed root—was developed by writers in the Ottonian court to describe that lineage. Writers of epics and romance in later centuries imagined that those born to rule carried a special mark on their skin.

Sacred kingship was born of a pact between dynastic rulers and the church. The church shared the expertise and service of its highly trained personnel with the ruler, and offered its counsel in spiritual matters as well as rituals of sacred power. In turn, rulers were expected to preserve Christian identity, protect the church, and promote justice and peace. Such relationships were often forged through the process of conversion. Stephen, born to the Hungarian Christian Grand-Prince Geza, embraced the possibilities of Christian rule. He defeated remaining pagan rulers in the region, and with the blessing of Pope Sylvester II was crowned king in 1000. He learned how to rule as a Christian from his wife, Gisela (985–1065), herself a daughter of the Duke of Bavaria and of a Burgundian princess. Gifts, and ecclesiastical endorsement secured such dynastic marriages. The couple promoted Christianity in Hungary through legislation and example, and embraced above all the cult of the Virgin Mary. Stephen's new status elevated him above other nobles in the Carpathian region. Similarly, King Valdemar of Denmark confirmed his new status as sole Danish ruler in 1170 by a gathering of his nobles—*Landsthing*—confirmed by ecclesiastical anointment and coronation.

As a new Christian dynasty was formed family traditions of sanctity often followed. Veneration developed around Vladimir, king of Kievan Rus' (*c.*958–1015), enhanced by the treatment of his sons Boris and Gleb—who died at war—as martyrs. Traditions of royal piety often ran in families. St Elizabeth of Hungary (1207–31) was married at 14 and widowed by the age of 20, when she turned to the service of the sick for the rest of her life. Her niece, Margaret of Hungary (1242–71), was raised in monasteries and was dedicated by her parents to the religious life.

When Duke William of Normandy invaded and conquered large parts of England in 1066 and its aftermath, he too became a sacred monarch. With papal approval he was crowned in Westminster Abbey by Ealdred, archbishop of York, in a scene memorably captured by the needlework of the English women who crafted the Bayeux Tapestry. In this role William espoused church reform, as an early adopter of the new papal ideas about church freedoms. He allowed church courts to flourish even as he developed his own sphere of secular legislation. The church, in turn, assisted the process of Normanization, and provided the kingdom with its educated class of royal ministers and advisors.

Sacred kingship is probably best known to most readers for its pomp and its legacy of visual art and music, architecture and ceremony. St Vitus' Cathedral in Prague, with its chapel of St Wenceslas, is still home to the crown jewels, so close to the formidable royal castle. The images and actions of Christian kingship were adopted through dynastic contacts. When Richard II, king of England, married Anne of Bohemia (1366–94), daughter of the Emperor Charles IV, in 1381, his court learned from her imperial courtiers. The Westminster Portrait, a unique image of enthroned majesty, now in Westminster Abbey, reflects in its frontal austerity traditions Bohemians had acquired from the Byzantine East. Against a gold background, the king is seated with sceptre and orb, crowned and vested, unlike any English ruler before him. In a set of panels also commissioned by Richard II, the Wilton Diptych, the spiritual and religious dimension are explicitly bound: on the left, Richard kneels with a group of St John the Baptist, King Edward the Confessor (1033–66), and St Edmund (d. 869) behind him. The whole group faces the Virgin Mary surrounded by her heavenly court, and her son hands the banner of the Resurrection—symbol of sacred power—to the man destined to rule.

Since sacred monarchs were expected to use violence in the promotion of Christian peace, they seemed to be the natural leaders of religious warfare. Some answered the call more eagerly than others, but all were obliged to respond. The armed pilgrimage to Jerusalem which came to be known as the First Crusade (1095–9) was led by European aristocrats. But by the second crusade (1145–9) both Conrad III (1093–1152), king of Germany, and Louis VII (1120–80), king of France, were drawn in as leaders. Richard I (1157–99), king of England, Philip II Augustus (1165–1223), king of France, and Emperor Frederick Barbarossa (1122–90), came together to lead the Third Crusade (1189–92), following the fall of Jerusalem to the hands of Saladin in 1187.

As the power of Christian kingship became well-established during the 11th and 12th centuries, most royal courts settled in capitals, just as Charlemagne had in Aachen centuries earlier: Winchester and then Westminster for the kings of England, Paris as the capital of France, Krakow the new capital of the Poles under Casimir I (1016–58), and Huesca of Ramiro I (by 1007–63), king of Aragon. Even when sacred kings favoured one location as their capital, travel did not cease. When the English royal entourage travelled to campaigns in Scotland in the late 13th and early 14th centuries, several departments of state still functioned from Westminster, but the all-important archive and a great deal of personnel journeyed with the king.

Capitals were designed to reflect the responsibilities and dignities associated with Christian rule: justice, education, and patronage of the church. They became repositories of relics and stages for rituals of state: reception of diplomats, processions on feast days, celebration of victories. Louis IX (1214–70)—who was canonized soon after his death—had the Sainte Chapelle built as the architectural reliquary for the remains of the Crown of Thorns, which he acquired as a gift from the spoils of the sack of Constantinople in 1204. The chapel's Gothic magnificence resounded with the music of a boys' choir, the king's own singers. Similarly magnificent was Westminster Abbey, rebuilt by Henry III; its dynastic narrative emphasized continuity since the days of Edward the Confessor, and a universal Christian loyalty to all things Roman, down to the mosaic pavement which Italian artists laid down in front of the altar in 1268.

Sacred kingship was aligned with effective provision of justice and securing of peace, and rulers were reminded of their responsibilities by a specialized literature—Mirrors for Princes—and by sermons. Some kings gained lasting recognition for their initiatives. King

Alfred the Great (849–99) resisted the Vikings and developed a hegemonic position for himself as king of Wessex. He created a court that was as effective in defence and in raising taxation, as it was in communication with the papacy and European leaders. The achievement that impressed his contemporaries greatly was the commissioning of works aimed at raising the competence of courtiers and clergy. Under Alfred Christian classics like Pope Gregory the Great's *Pastoral Care* and *Dialogues*, Boethius's *Consolation of Philosophy*, Orosius's *Histories against the Pagans*, and Bede's *Ecclesiastical History of the English People* were translated into English. These diverse genres were all aimed at enhancing purpose and horizons among lay and ecclesiastical leaders. And since history supported identity, Alfred most probably launched the *Anglo-Saxon Chronicle*; an inaugural copy was sent out to several monasteries to be kept and updated, in some cases well into the 12th century.

Lordship

In the kingdoms which succeeded the Roman Empire, men who held public offices were often rewarded with entitlement to tax income from land, the *beneficium*—benefice. This system remained largely in place even under the barbarian kings, as it ensured continuity in the functioning of military and administrative staff. In Iberia the Visigothic kings had kept on the Roman treasury—the fisc—which grew as it acquired the confiscated lands of traitors, the possessions of erstwhile temples, or the property of those who died without heirs. In the towns and cities of old Roman provinces, local councillors—*curiales*—continued to collect taxes and pass them on to governors, in a system of administration that was of very long standing. Kings used the system to reward loyal followers, but the benefice was still seen as a public good. And so, in 675, King Theuderic III confiscated the lands of a duke who joined his enemy. Under the Merovingian dynasty of Frankish kings, lands in Gaul were held in this fashion in return for service, and reverted to the king once that service ended. Even under

Charlemagne and his successors, offices were not inherited, and close scrutiny meant that local officials in regions far from the heartland were still understood as servants of the Carolingian 'state'.

All this was tested when in the 9th century Carolingian unitary rule was turned into several kingdoms—east and west Francia, Italy—and with the disruption and violence caused by Vikings, Magyars, and continued Muslim raiding. Public administration faced severe challenges, as local administrators were required to provide fortification, law, and order. Officials went about the work of government as before. In the absence of the close scrutiny which had been in place since *c.*800, the distinction between the public and private good—and property—became blurred, and ultimately disappeared. Counts now passed their office on to their sons, and treated the *benefice* as the means for support of power and authority which ran in the family. They apportioned parts of the lands and income to their followers, as *fiefs*, in return for loyalty and support. The fief supplied the resources for the livelihood and lifestyle of a warrior, the mounted knight, with a warhorse and all equestrian trappings. The punch of military force was now delivered by fighters trained to ride with stirrups, by knights, dextrous with sword, shield, and lance.

This system formed the basis upon which long-term reorganization of land, wealth, and power took place in Europe around the year 1000. It produced a relatively stable ruling class: the royal vassals of the 9th are discernible among the counts and castellans of the 11th century. Such lands formed the basis for independent influence, alongside responsibilities and obligations. By the 11th century the sense of family and lineage around such men and their patrimony was very strong, and it inspired the new genre of family histories, accounts of great deeds, like those of Fulk le Réchin (1043–1109), count of Anjou, of Prince Bolesław of Poland (1086–1138), or the deeds of the Counts of Barcelona, composed between 1162 and 1184 (Box 3). These vassals could

Box 3 Chivalry

The word chivalry—*chevalerie*—describes an array of ideas, practices, and experiences. It was a code of behaviour and a lifestyle for free men engaged in military conduct. Its conventions promoted honourable behaviour in warfare, reciprocal discipline even between enemies, such as in the treatment of prisoners. Chivalry was affected by Christian values, as churchmen aimed to limit the reach of violence: protecting the unarmed, prohibiting violence against religious houses, forbidding warfare during Lent and on religious festivals. It aimed to regulate warfare between members of a warrior class, who might encounter kinsmen in battle, and spare them the worst brutalities of physical mutilation and dishonour. Hence chivalry developed a language of symbols—shapes and colours—which helped identify a knight in armour—and so heraldry was born. Campaigns against Muslims helped strengthen the link between Christian service and warfare, and produced in the 12th century chivalric heroes such as Richard the Lion Heart and El Cid. The rich British historical traditions about King Arthur were rewritten by clerics into poems of knightly endeavour and adventure—like the 'Quest for the Grail'—first in French and then in all other European languages.

Alongside the theme of idealized male valour and loyalty, a fitting form of love developed: courtly love. It imagined the unfulfilled yearning of a knight for a lady of refinement and distinction, and inspired poetry, song, and visual imagery. Chivalry was practised during war, but was also perfected during times of peace in jousts and performances of prowess in courts of great kings and aristocrats. The culture of chivalry was promoted in courts, where women could participate in it as patrons, and take part in the artistic rituals. Immersion in the culture of chivalry led young men of high birth to seek fame and experience in battle: the future King Henry IV (1367–1413) of England joined in his youth the Teutonic Knights on their campaigns to establish Christianity in Livonia (Figure 12). Chivalric themes continued to inspire social relations and artistic production even after the age of the mounted knight gave way to that of mercenaries and cannons.

12. Castle at Malbork (northern Poland), built by the Teutonic Order in 1274, dedicated to the Virgin Mary. It and the town around it reflect the military and political domination of the Order in northeast Europe

become very mighty in turn. The Duke of Normandy—vassal of the king of France—conquered and became king of England; Robert Guiscard (*c.*1015–85), the sixth son of a Norman noble in Lombard service, became Duke of Apulia and Calabria, and the pope's vassal.

Once it was conceptualized and established, the language of fief, lord, and fealty was written into charters and reflected in law. It also inhabited the world of poetry and history. It was spread and mediated by the educated clergy who helped convert and also administer the new Christian polities. As regions became integrated into Europe, it mixed with indigenous ideas about leadership, valour, and loyalty. A good example is the Norwegian commonwealth—the *Norgesveldet*. The language of lordship and fealty—homage—was used there to express the relationship between Goðrøðr, king of the Manx and Hebrides, and Ingi Haraldsson, king of Norway. Similarly, in 1217, King Logmaðr of Manx and Hebrides was said to hold his kingdom 'in fief' from the king of Norway. In turn, when the Norwegian invasion of Scotland failed, the resulting Treaty of Perth of 1266 reduced the king of Norway to the status of vassal to the king of Scotland, for the Hebrides. By the 13th century dynastic diplomacy had developed as a form of communication and dispute resolution between Europe's rulers. Rulers shared assumptions and the language of lordship with their vassals, and their vassals' vassals, and thus an aristocratic political culture was formed.

The traditions of Roman law prevailed not only in the old Roman provinces, but formed the basis for legal study in courts and schools in the 12th century, as we shall see in a later chapter. Many areas of life—land tenure, marriage, punishment for theft and murder—were regulated by traditional customs—Welsh, Irish, Saxon, Frankish, Alemann, and more—but Roman law was particularly useful for the facilitation of commerce, and its support for the notion of a state and its ruler. Between 1000 and 1200 royal administrations—gradually and not always consistently—worked to remove the treatment of major offences from the sphere of family retribution to that of royal justice. A great deal of arbitration between families meant that not all cases reached the royal courts, but officials sought to identify capital cases for the crown, and mobilized communities as informants—with the requirement to raise the hue and cry—when evidence of a crime was discovered.

Local traditions were subsumed within hegemonic royal legislative systems, like those of Henry II in later-12th century England, or of Alfonso X 'the Wise' of Castile in the mid-13th. Delivery of justice was a royal duty but also an opportunity to exercise power and collect revenues. Royal judges of various titles and capacities travelled throughout the kingdoms to dispense justice. Together with local elite men who provided regular policing and local advice, who empanelled juries and arrested suspects, capital cases were tried—murder, robbery, treason, and more—by royal officials who also collected the resulting fines and punitive confiscation of property.

In the later part of our period we witness royal courts become increasingly elaborate and complex institutions. They legislated on economic affairs, and intervened in commercial activities by controlling the coinage. In England scrutiny of the lucrative wool trade meant that customs were imposed on the 35,000 sacks of wool exported to the Continent in the early-14th century. As kingdoms became larger the burden of military defence and domestic administration became more onerous; they required elaborate central organization and record keeping. The buoyant economy of this period was increasingly complex as a source of income to be monitored through customs and protectionist laws. With so many participants in economic and political life occasions for broad consultation became necessary. The Roman precept 'whatever touches all, must be approved by all' (*quod omnes tangit ab omnibus approbari debet*) animated calls for representation in discussions about fiscal matters, alongside the established consultation between the king and his nobles on matters of war. While lords always had their vassals around them for advice and support, the very greatest lords—kings—required expert advice in finance, law, administration, and diplomacy. This was achieved by the appointment of expert royal servants, but also through consultation. Parliament, *parlement, diet, cortes, landsthag*, developed all over Europe, assemblies aimed at representation that included constituents of the political nation: nobles, churchmen, knights, and townspeople. The broadening of consultation meant that by the 15th century cities were incorporated into the processes by which kings were elected in Poland, Bohemia, and Hungary.

Kings were looked to as patrons for great projects. We have already seen how closely related Christian kingship and leadership of Christian military campaigns became: crusades to the Holy Land, Reconquista in Iberia, and the war against heretics. In the 15th century new horizons for royal patronage similarly invoked royal leadership. From the 1430s the kings of Portugal led the exploration of Africa, providing privileges and charters to official navigators and cartographers. By the end of our period their Iberian neighbours, Ferdinand and Isabella, were approached with a project of commercial enterprise and millenarian enthusiasm: Christopher Columbus' plan for a westward journey to the Indies. Where other monarchs rejected the unprecedented venture by the Genoese trader-traveller, these monarchs retained Columbus and supported him. His vision appealed to their sense of mission and leadership as Christian monarchs.

Chapter 5
Exchange, environments, and resources

We have already discussed natural resources and their uses in this book, but let us consider them again as an economic system of production and exchange. For in our period hard work produced food and raw materials which sustained the population at most times, but which also formed the basis for manufacture, exchange, and trade in luxuries. So, for example, trade linked Scandinavia and Hungary in the 6th century, for we find exquisite northern amber jewellery in burial in women's graves some 1,000 kilometres away from their source. Most regions aimed to produce their own staple goods, so traders transported more exotic goods like ivory, spices, and silk. An 11th century German poem, the *Merigarto*, describes the priest Reginbert earning great riches by selling wine and honey in Iceland. In Norway's oldest monastery, founded at Selja *c.*1100, mass was celebrated by priests dressed in vestments made of Spanish silk.

This high-value trade depended on the availability of a limited stock of silver coinage, centuries after the disappearance of the Roman imperial gold coins. Some of that gold had been turned into treasure—in artefacts related to rituals of church and court, like crosses and crowns—and some ended up in the Muslim world, as payment for goods imported into Europe. In rural society before 1100 there was little use of coinage. New gold coins were minted again only in the 13th century, first by Emperor Frederick II in 1231.

All economic activity was accelerated after the year 1000. Over the next two centuries the sufficiency of foodstuffs and growing populations allowed, as we have seen, for economies, communities, and life styles to become more diverse. Silver finds allowed the money supply to penetrate rural markets and encourage exchange even in modest surpluses of agricultural produce, and so a proliferation of small markets and new towns followed. Trade in basic foodstuffs developed, so that Baltic grain fed Flemish townspeople, allowing some 10–15 per cent of Europeans to buy their food rather than to grow it. New forms of enterprise grew in urban centres: family companies, joint-risk companies, sleeping partners in support of a merchant, all allowed trade to develop, and its effects were to be felt everywhere. Italian merchants led trade with the Far East, while Italian bankers provided the large-scale finance kings required to support war efforts. By the 15th century family-based banks with branches all over Europe were not uncommon: like the Borromei of Milan, who from 1434 had a branch in Bruges and soon after in London too.

Arable and pasture

However diverse the economy it always depended on a rural base. A balance had always to be struck between arable cultivation of fields, and other forms of production in vineyards, pasture, and meadows. The challenge faced by most individuals and communities was the production of food that was suitable and sufficient to meet the needs of working people and livestock, as well as of urban populations. Alongside the production of food was the need to gather, mine, or grow raw materials for the making of clothing, shelter, household goods, and some manufactured goods for luxury markets.

Fields produced grain that was made into the staple foods of bread and porridge. Wheat for the making of white bread was a cash crop rarely eaten by its producers, who consumed rye bread or a bread of mixed grains. Porridge was a staple in many versions: oat-based in Scotland or polenta in central Italy made of barley meal. Such staples were accompanied by much smaller portions—perhaps but a fifth of all intakes—of meat, fish, vegetables, and dairy. When peasants ate meat it was usually beef in Hungary and the Low Countries, fowl in most of France, pork in Germany and the British Isles, mutton and goat in the Mediterranean regions. Sheep milk was used more than cow milk, and sheep-folds were enriched by deposits of manure. Nutrition was enhanced by the drinking of beer: the brown and bitter Celtic and Saxon beer produced by the fermentation of oats, and further north and east, the lighter, barley-based, Germanic beer. In the south young wine was drunk in the growing areas devoted to wine-growing (Box 4).

Box 4 Wine

Although vines could only be cultivated in some parts of Europe—in the Rhine and Mosel valleys, southern France, Iberia, and Italy—wine was enjoyed more widely. Most contemporary wine-producing areas had been identified by Roman times, and viticulture continued there in following centuries. After c.1000 demand for wine grew from northwest Europe, and so the wine trade became a lively sector of the medieval economy. Enterprising bishops—like Rüdiger, archbishop of Speyer in 1084—invited expert wine-growers to settle on their domains and to trade in wine from their cities. Creating a new vineyard was a labour-intensive, and hence expensive, enterprise—involving digging terraces on hillsides, planting to a right angle so as to capture the sun, waiting three years for plants to become established, and requiring constant pruning and care. Great landlords and religious houses were best positioned to become successful wine-makers; peasants were allowed to use their lord's winepress only against payment.

Wine was probably a sourer and weaker drink than that which we drink today, and it was occasionally flavoured with honey, peppers, or cinnamon. The rich could enjoy the fine wines of Cyprus and Gaza, but the habitual wine drinking documented in monasteries, courts, and cities was of younger wines and in great quantities. The hospitality and cuisine of the rich used and displayed wine and every parish church was obliged to use it in its central ritual, the Mass.

The 7th and 8th centuries saw the introduction of the heavy plough to large parts of central and northern Europe. It was usually led by horses—though in England oxen pulled ploughs well into the modern period—each harnessed with a collar for effective control, and supported by metal horseshoes. This plough was able to penetrate deep into heavy soil while turning and breaking it. Such preparation was particularly conducive to the growing of spelt—especially in the northeast; oats and barley, so useful for the feeding of horses, grew even on poor soil and in cool temperatures, if deeply planted. Horses in turn also served as useful draught animals for harrowing and for carting of produce to market as the economy became more commercialized.

These innovations explain how population was able to grow, as it did in some regions from the 9th, and more so from the 10th century. Although yields were paltry compared to rates in modern agriculture, there was still more food available for humans and livestock. The expectation of secure provision of food allowed some people to choose work away from the land, or in specialized occupations in rural areas: ironwork, charcoal making, or estate management. It also meant that country dwellers were able to spend more time on improvement of homes, roads, and drainage in their communities.

At the beginning of our period hunting animals in woods for food and skins, and fishing in streams made a great deal of food available according to season. But with the development over time of more intrusive management of resources by landlords—kings, abbeys, or knights—these resources were more closely controlled. Wood for the building of shelter was readily available in northern Europe, but was increasingly managed as a resource supervised by stewards, and exploited for the highest commercial returns.

Most estates were made of a section of prime land directly exploited by the landlord—the *demesne*—while the rest was divided among serfs. The open fields were cultivated in strips and a single holding was often made of several such strips, each of differing quality and distance from the settlement, so as to ensure equitable distribution. By-laws devised by village communities aimed to ensure mutual support: they often reserved gleaning rights for widows and the poor, food for free. Landlords strove to maximize their income from agricultural cultivation, and so their interests could both coincide and oppose those of their serfs. Projects of clearing and extension of cultivation into new areas—of woodland in Yorkshire, of marshes in the Po valley—saw investment by landlords and settlement of serfs on cleared lands. Fencing and earthworks for the defence of livestock and humans were similarly projects initiated by lords and realized with hard labour on the part of serfs and labourers.

Lordship and legal status shaped the countryside. There were share-cropping arrangements in Iberia and in Italy, which were economically very burdensome, but which did not entail loss of freedom. Such arrangements often existed between the peasant and an ecclesiastical institution, as evident from 10th century charters in northern and central Italy. There were many freeholders in northern and eastern England, and in the newly settled lands of Pomerania and Livonia. In areas of greater commercialization dues owed by serfs were often commuted to cash payments, and these meant that peasants had to participate in exchange—of produce or of some family labour—in order to earn coin. By the end of our period serfdom ties became weaker in western Europe, with many peasants entering fixed-term arrangements with their landlords. The opposite was true in central and eastern Europe.

Demand for agricultural produce came not only from local populations, but was generated from further afield by large concentrations of rich populations, such as cities and courts. The Île-de-France, the hinterland of Paris, marketed its wine and beasts almost exclusively for sale in the capital. By 1300 regions across the south of England tended their woods, raised their beasts, and grew vegetables to supply the demand generated by London's markets. Around that time aristocrats, bishops, and abbots invested in city residences: the abbot of Cluny's palace in Paris is now the *Musée national du Moyen Age*; that of the archbishops of Canterbury in London is Lambeth Palace, on the south bank of the Thames.

After the collapse of demand for food following the catastrophic Black Death landlords chose to move away from arable and to exploit other resources: fishing, mining, hemp growing. Highland areas were much affected by this change, with new investment by landlords: in Wales, Catalonia, the Massif Central, the Apennines, and the Pyrenees. Such change often resulted in more intensive fencing and enclosure, to the detriment of rural working communities.

Woodland

The production of food-grains in fields was but part of the busy and diverse agrarian economy. Fields and woodlands combined to create sustainable habitats for humans and animals. While woodland is often imagined as thick and dark, and so it was in parts of Scandinavia and northeast Europe, large sections of woods were active and noisy. There was constant collection by men and women, young and old, of undergrowth, ferns, gorse, fallen branches of all sorts, to be burnt for heating and cooking, or used in thatching, fencing, basket-making, and construction. Woodlands should be imagined as dotted by clearings and often co-existing with other forms of cultivation. They required a great deal of managing: with coppicing, and growing trees to the size required in construction. The roofs of cathedrals show just how strong and large was the timber that a carefully managed wood could produce.

For centuries scholars have imagined that with the decline of Roman imperial rule Europe 'reverted' and yielded to the forest. This fits well with the view we discussed above of the period 400–600 as one of decline and loss. Yet the combination of archaeology and historical botany now produces a more nuanced picture. With less state-driven demand for wood for construction and public works, management and use of wood was transformed by local communities—and sometimes assisted by legislators—into enterprises aimed at sustaining livelihoods. As demand for food by city dwellers declined some fields were allowed to turn into woodland. Similarly, when state-backed exploitation of mines ceased, as in the Tuscan Maremma, woodland grew over old pits. Chestnut trees were introduced in large parts of Italy, a tree rich in its offerings: excellent building material, good wood for charcoal, and delicious fruit which could be eaten and also made into bread flour. Alongside apple, pear, and walnut, it was considered to be central to human nutrition.

Relations with woodland developed at different speeds across Europe. Around the year 600 the villagers of Prato Spilla in the Apennines cleared areas of forest in order to grow hay instead. Since this upland wood was covered with snow in the winter, they must have used the clearing for grazing only during the spring and summer. Clearing by fire was speedy, but also dangerous and wasteful. So King Lothar I legislated in his capitulary of 840 against starting fires in wooded areas, and threatened to punish those who did with beatings and humiliating head-shaving. Clearing with axes was slower but safer.

In the midst of the woodland areas there was industry too, including charcoal-making and metal work. Wood that did not burn well or safely in domestic fireplaces—like the highly tannic chestnut—was turned into charcoal. Smiths exploited charcoal to make the hot fires required for work in metal; only in later centuries did the smithy become part of the village settlement itself. Demand for charcoal grew particularly in cities, where it was considered safer than the use of branches and faggots. Webs of lordship affected the viability of living off woodland: chestnut groves in Campania were habitually held between 800 and 1000 under agreements that required 1/3 of the yield in chestnuts to be paid to the grove's owner.

As we have seen, demographic growth after the year 1000 saw the rise in demand for food. Larger urban populations had to be fed, and so the extent of woodland was reassessed by landlords. Woodland was increasingly regulated, and by 1200 large tracts were controlled by laws that set them apart as forest—*foris*, outside—for the exclusive use of the lord. Kings, religious houses, and secular landlords, all strove to regulate their woodland, and their efforts spawned a vast officialdom of foresters, woodwards, *verdiers*. By 1300 the king of France was served by a group of Masters of Waters and Forests (*maîtres des eaux et forêts*).

The management of the wooded environment paid attention to sustainability and to commercial profit. It also set aside spaces for leisure and entertainment, hunting for sport being the chosen pastime of aristocrats and their followers. Hunting and trapping was a regular activity to rid estates of foxes and vermin, but hunting with birds and dogs was the privilege of the rich and leisured. Hawking and falconry required long training and expertise, and were discussed in treatises all over Europe, from Wales to Mallorca. The birds were rare; the Teutonic knights caught, trained, and sold gerfalcons to aristocratic households throughout Europe.

Yet there were always woodland areas so marginal as to remain untouched by administration and sport. These became haunts of the imagination that also attracted an alternative social scene in many parts. Fictional accounts of encounters with wild beasts or fantastic individuals may not have been utterly fanciful. Forests were homes to bears, wolves, foxes, and wildcats. Mares lived there during pregnancy and were left there to nurture their foals. The forest drew those who sought to retire from the world—hermits—but also those who sought refuge from the law. One of Europe's most loved heroic figures—Robin Hood—was imagined in refuge in Sherwood Forest.

Water and waterways

Water is essential for all aspects of life: drink and food, industry, and hygiene. In old Roman provinces people still benefited from public works associated with water supply: aqueducts, baths, conduits, and canals. Churches often had fountains in the entry courtyards—*atria*—a welcoming aspect rich with symbolic value signifying life and purity. Streams offered water for washing, but domestic supplies were often engineered for the use of cities, and on large estates. As in so many areas of life, these traditions were maintained by bishops and public officials in the early part of our period: pope Hadrian I (700–95) maintained the Roman aqueducts, and a century later the bishops of Le Mans still tended to those of their city. Religious houses led the way in maintaining the quality of water as they did in other aspects of domestic material culture: bishop Rigobert of Reims (d. 743) provided piped water for the canons of his cathedral and in the Flemish village of Kootwijk each household had its own well *c.*1000. Bathing was uncommon but people regularly washed their faces and hands. By the 12th century Cistercian abbeys led the way in the exploitation of water for domestic use: the model which characterized the order's houses always situated the monastery along a river, and sewage was carried away from latrines situated over the moving water. They also spread the use of waterpower for the grinding of corn grains and for fulling (where woollen cloth is beaten by wooden hammers).

Europe is well-served by its rivers. North to south and east to west, it is linked by rivers on which cargo and people travelled easily. The Baltic grain that fed Flemish townspeople made its way along the Vistula, and inland river ports formed links with sea ports, like Norwich and Yarmouth, thus allowing both centres to flourish. A river ran through every great city. Think of Paris, London, Cologne, and Rome. Many bridges stood on Roman foundations. Florence's Ponte Vecchio did, and also housed more recent structures, butchers' stalls built of wood, which were on occasion swept away by floods. Building bridges in cities—like the Charles Bridge in Prague, which began in 1357—were prestige projects initiated by rulers.

Rivers spelt danger too. Through the rivers of Europe, east and west, the Vikings penetrated into England, France, the Baltic lands, and deep into modern Ukraine in the 9th and 10th centuries. Any invading force—like the English during the Hundred Years War—could reach Paris easily from the coast. Rivers flooded regularly; when the Danube did in 1194 this was a disaster in Austria for both humans and their livestock. People stumbled and fell into rivers, like the boy depicted in a 15th century English manuscript, driven into the Thames by a herd of cows. In eastern England and the Low Countries there were elaborate arrangements for the distribution of responsibilities for maintaining flood defences and irrigation channels. This Flemish expertise was applied in northern Germany and Poland, as new settlements developed there too.

In the countryside access to rivers and their resources was regulated by seigneurial authority: some sections were kept private for the use of lords and their households, and others were open for their dependent tenants. Fishing in rivers was a source of livelihood and subsistence for some, but it was also a business. Fishing rights were managed by rulers as a resource: Desiderius (d. 786), king of the Lombards, handed such rights to his favourites; Carolingian officials protected the right of the monks of Farfa (central Italy) to their fisheries in 798; an association of fishermen in 10th century Pavia negotiated its rights with the king.

Some fish travelled between sea and river—like the salmon—and netted weirs were set up by landlords to capture them at crucial stages. The season and the Christian calendar imposed a rhythm too: throughout Lent, and on Fridays throughout the year, Christians abstained from eating meat. And there were unexpected gifts from the sea. The *Laxdaela Saga*, written down in the 13th century, describes life in Iceland favourably compared to that in the Hebrides: there were plenty of beached whales there—a sole whale could feed a family over a whole winter—and it was rich in fish, especially salmon.

Chapter 6
The 'Middle Ages' of 'others'

European cohesion was facilitated by the system of communication—along rivers, roads, and coastlines—and by the increasingly pervasive culture of Christianity. Its presence affected the landscape—cathedrals seen by travellers from afar, especially in northern Europe, once the lofty Gothic prevailed; the presence of individuals in habits or in penitential chains on European roads; the soundscape with processional chants and the ringing of bells; and even the smell of cities (during Lent the smell of roasting meat was absent from city streets).

European identity depended on what it rejected just as much as it did on what it affirmed. So fears and anxieties, objects of hate and disgust form part of this history too. Christian teaching offered a message of hope through redemption, a path to salvation. Those outside the Christian body were destined to live in sin, a menace to themselves and to others. The Carolingian theologian and courtier, Hrabanus Maurus (*c.*780–856), described pagan gods as demons, who 'even persuaded people to build temples... and to set up altars to them, on which they should pour out for them blood both of animals and even of men'. Through Christianization previous social customs were substituted, but also partly incorporated. The first generations after conversion often sought the co-existence of pagan ways with Christian rituals.

The Hungarian leader Géza (d. 997) converted to Christianity in 972 and obliged his people to do so, but he also continued to 'sacrifice both to the omnipotent God and to various false Gods'. As we have seen, his son Stephen (d. 1038) ruled as king of Hungary from 1000, and was revered as a saint for his commitment to Christianity and his devotion to the Virgin Mary.

In most regions of Europe, for some part of our period, Christians were at war with non-Christians. Differences between groups evident in patterns of kinship or customs of eating and dress—polygamy, eating of prohibited foods—combined with violent encounter to produce a strong sense of 'otherness'. These perceptions were captured in poetry, paintings, polemic tracts, and chronicles. The Paris-educated priest Gerald of Wales (*c.*1146–*c.*1223) wrote four works about the strangeness of the Irish and the Welsh, who seemed barbarous and incomprehensible, at the borders of the civilized Anglo-Norman polity. The encounter between Christianity and Islam was powerfully represented in the heroic epic, probably as old as the event it depicts—the Battle of Roncevaux in the Pyrenees, of 778—known to us from 12th century manuscripts: the *Chanson de Roland*, Roland's Song. In it, Charlemagne and his men confront different Muslim types—bold Muslim emir, wise advisor, female convert to Christianity—and enact feats of often foolhardy bravery. A literary tradition of border ballads and miracles tales exploited the themes of Christian–Muslim military rivalry, up to the 15th century and the fall of the last Muslim stronghold, Granada, in 1492.

Yet not all otherness was experienced at borders, or confronted through military encounters. A Parisian chronicler described the arrival in 1427—in the midst of the fair at St Denis, north of Paris—of a group of dark skinned, black haired, exceedingly poor families. This is the first mention of the nomadic groups whose origins may be in Gujarat and who are variously called gypsies, Egyptians, Bohemians, or *gitanes*.

The relationship between Christians and Jews in Europe was old and complex. Jewish life was based on the holy texts that Christians also revered as the Old Testament. These Hebrew texts—translated into Latin in the late 4th century by St Jerome (*c.*347–420)—provided Christians with prophecies that foretold Christian history: the Sacrifice of Isaac prefigured death on the Cross, the Burning Bush offered an image for the unsullied virginity of Mary. Augustine saw scripture as a bond between Jews and Christians, and argued for toleration of Jews within the Empire, as living testimony to Christian truth and future converts at the end of time.

Jews lived in Roman cities, where they witnessed the rise of Christianity. When Barbarian rulers issued law codes for their Christian kingdoms, they sometimes included clauses about Jews. The Visigothic rulers of Spain wove attitudes to Jews into dynastic politics. Recarred tolerated Jewish presence in 589, but his successor Sisebut introduced harsh economic restrictions on Jewish labour and livelihood. King Recceswinth required, in 681, that Jews convert or go into exile: 'whoever he may be, shall have his head shaved, receive a hundred lashes, and pay the required penalty of exile. His property shall pass over into the power of the king.' This legislation was overturned a few decades later following the Muslim conquest of Iberia, and the relative toleration of Jews and Christians it introduced.

By 1000 economic and urban growth attracted Jews from southern Europe to settle along the rivers Rhone and Rhine. There they worked on the land or as artisans, workers in metals and textiles. New ways of thinking about Jews developed in these centuries, in the centres of learning where theological debate was intense. As the ambition and reach of Christian institutions grew, so it became increasingly clear which people stood outside the *societas christiana.* When the armed pilgrims on their way to 'liberate' Christ's tomb in Jerusalem passed through the cities of the Rhineland in spring 1096, they deemed the Jews to be 'killers of Christ' and massacred hundreds.

In the many new monasteries and in cathedral schools the basic Christian concepts were debated: '*Cur deus homo?*' (Why was the incarnation necessary?) asked the monk Anselm, later Archbishop of Canterbury; 'Was Mary, mother of God, touched by original sin?' asked Odo of Cambrai (1050–1113), bishop of Tournai in northern France; 'What is the role of intention in the judgement of human action?' asked the maverick Parisian teacher of philosophy Peter Abelard (1079–1142). The Jew was a privileged sparring partner for those who thought most deeply about Christianity: versed in scripture, yet resistant to the allure of Christianity.

Such debates led to polemics with the Jews, who denied the Incarnation, rejected the notion of Virgin Birth, saw belief in the Trinity as a form of idolatry, and were puzzled by the sacramental powers of water, bread, and wine. Their views were submitted to polemical treatment, sometimes alongside Muslims and pagans. The Cluniac monk Peter the Venerable (*c.*1092–1156) wrote works against Jews, Muslims, and Waldensian heretics; Peter Alfonsi, whom we have already encountered, against Muslims and against Jews.

Outside the intellectual realm, thinking about Jews took place within royal and aristocratic courts and in bureaucratic circles. Dynasts benefited from the unique legal and economic control they had over Jews, their dependants. In large parts of Europe Jews were encouraged to offer credit and to lend against surety. In a charter of 1244, Duke Frederick of Austria defended a Jew's right to secure a pledge forfeited by failure to repay and promised to defend such pledges for the Jew 'against violence'. The kings of England and France placed their Jews under the protection of sheriffs and seneschals so that Jews could prosper and in turn share their profits with the king.

Kings were also amenable to other considerations and influences: the complaints of influential aristocrats, indebted to the Jews, who would see them expelled, or worse; or, from the early 13th century, pressure from the dynamic new branches of the church—like the Franciscans and Dominicans. These preachers sought to animate religious commitment among lay people, often by re-telling dramatic versions of the Crucifixion. This participatory piety pitted Jews as 'killers' of God and enemies of contemporary Christians. New narratives were invented in which Jews were accused of child murder and ritual abuse of Christian sacred objects. Feeling was particularly heightened during Holy Week, with its frequent preaching, public processions, and religious drama.

Rulers vacillated between the lobbying of friars, who often served as personal chaplains and confessors to royals, and the desire to maintain law and order in their domains, while benefiting from the services rendered by Jews. In turn, Jewish leaders pleaded, offering gifts as sweeteners to avert expulsion or abuse. Policies towards Jews thus differed greatly from one reign to another according to the character of rulers and the challenges they faced: Henry III of England was highly active in his attempts to convert Jews, and his son Edward I ceded to the pressure of knights and churchmen to expel the Jews from England in 1290. In 1304 the Jews were expelled from France, only to return and be expelled again in 1394. King Peter IV (1319–87) of Aragon protected Jewish communities, which helped finance his Mediterranean wars, while his son John (1350–96) favoured unfounded allegations of sacramental desecration brought against them in the 1370s.

Following the accusation of well-poisoning levelled against Jews during the Black Death, expulsions became more frequent. The movement of Jewish settlement in the 14th and 15th centuries matched that of political refuge and economic opportunity, from western Europe eastwards, and this led to the creation of large communities in Bohemia, and Poland-Lithuania. The most dramatic transformation in the conditions of European Jews occurred in the century that ended in their expulsion from Spain in 1492. Urban violence in Iberian cities in the 1390s led to mass conversions of more than 100,000 Jews. These 'new' Christians were made by the water of baptism, yet Christians avoided marrying into 'new' Christian families and continued to harbour suspicion towards these *conversos*. The tensions were so acute that the kings of Castile established their own local inquisition, with the task of investigating *conversos* denounced as secretly still harbouring sympathy with the faith of their ancestors. This fault-line of mistrust became so acute that Ferdinand and Isabella—the Catholic Monarchs of a united kingdom of Castile and Aragon—ordered the expulsion of the Jews from the kingdom.

In this manner a global diaspora was created. The Jews of Spain were received for settlement in north African emirates, by the Ottoman rulers, and in Italian cities. They maintained the language of Spanish Jews—*ladino*—a European vernacular which soon became a global one. A few decades later the expulsion of Muslim converts—*Moriscos*—followed.

Even in their absence, in regions where they were little known—like Scandinavia—or in countries from which they had been banished—like England after 1290—Jews were ever present in the European imagination: in the narratives of Jesus' life and the life of his mother; above all in depictions of the Crucifixion. The Hebrew Bible was present at every Christian service, in the Psalms that guided Christians through joy and tribulation. A combination of hatred, fear, and fascination characterized the relationship of Europe with its most intimate, neighbouring 'other'.

Chapter 7
The 'Middle Ages' in our daily lives

As we reach the end of our journey, let us consider some of the legacies of the 'Middle Ages', ones we take for granted.

Universities

As we have seen, learning was wide-ranging and diverse—in cathedrals and courts, in monasteries and urban schools—and it owed a great deal to the Roman curriculum of the liberal arts. The integrated study of rhetoric, logic and grammar, arithmetic, geometry, music and astronomy, provided the basis for understanding the world and its affairs, and for describing it. Cathedral schools attracted students, individual teachers did too, and the 12th century saw a further specialization in centres of learning under the auspices of emperors, kings, and popes.

All Italian cities of that period had some schools which trained notaries. Schools at Padua, Salerno, and Bologna offered professional training in medicine and law from at least the 11th century. Great schools attracted students from afar and their needs inspired the development of the format of the university. The schools of Bologna were granted a set of privileges by Emperor Frederick Barbarossa in 1155, by which they became a *universitas*. This allowed students—mostly foreign students, who sought to ensure their safety and value for money during the years of study—to form a guild of sorts. This chartered organization supervised the terms and quality of teaching and decided the level of payment for teaching.

The University of Paris emerged in a different way. Since the early 12th century, the cathedral of Notre Dame, in the capital city of the kingdom of France, had become a famous school for the liberal arts. Not far from it, on the left bank of the River Seine, a number of important schools also attracted famous teachers and throngs of students from all over Europe. The most famous was Peter Abelard, who perfected the method we call dialectic: an analytical probing of philosophical propositions through formally discussed oppositions. The intellectual environment was fruitful, and so was the ambition of the French crown: to enhance its capital city with schools just as it did with trade. Philip II (1165–1223) of France authorized the creation of a *universitas*, an association of teachers licensed to regulate the lives of students too. Papal endorsement for Paris in 1231 established it as 'parent of all knowledge' (*parens scientiarum*), and a preacher described it later in the century as 'the mill in which all God's wheat is ground for the nourishment of the entire world'. It was famed above all for its arts degree, which imparted the fundamental texts through lectures followed by dialectical disputations, and for its preeminence in theology. And so Paris attracted students from all over Europe whose differences in lifestyle and rivalries led to the organization into four nations: French (central and southern France as well as Iberia), Picard (northern France and Flanders), English (England, Germany, and Scandinavia), and Norman (including Brittany).

Schools existed in many English cities from the 11th century, but for the best higher education, English students flocked in the 12th century to Paris. After King Henry II banned English students from studying in Paris in 1167, many English, Scottish, and other northern students settled in the Oxford schools, and from 1209 in Cambridge. Papal bulls made each a *universitas* a few decades later.

The university enjoyed recognition of its degrees as providing a licence to teach anywhere in Europe. Universities offered the highest training—to doctoral level—in medicine, church (canon) law, and civil (Roman) law. They trained those who became the officials of states and cities: diplomats, judges, tax collectors, and prelates of the church—bishops and even popes. Here again we witness an institution which depended a great deal on long-standing traditions of city life and education, and whose basic curriculum depended on study of the classics.

The arrival of thousands of students animated university towns, with the demand for accommodation, food, and books. Students lived in halls run by private individuals or, in the case of monks or friars, maintained by religious orders. In the late 13th century, a variation on a Parisian invention was introduced: the university college. Colleges began as charitable institutions to support poor students through higher degrees. Endowed by the founder, each college had a library, dining hall, dormitory, and chapel. The community of scholars studied, ate, prayed—and often misbehaved—together. The most famous of these colleges is King's College in Cambridge, founded by Henry VI in 1441 for the training of clerks for the royal chapel. Its world-famous choir still inhabits the chapel, a vast edifice where grateful scholars prayed for the welfare of their benefactor's soul.

From the mid-14th century the link between the demand for trained personnel by state administrations and the location and shape of universities became more explicit. Demand combined with the prestige associated with the patronage of learning. And so, Emperor Charles IV (1316–78) founded Prague University in 1348, and Casimir III (1310–70), king of Poland, founded the University of Krakow in 1364. Princes followed suit, with universities to serve their regions: Galeazzo II Visconti (*c.*1320–78), ruler of Milan, founded the University of Pavia, in 1361, and the move of the University of Florence to Pisa was organized by Lorenzo de Medici in 1472.

In southern Europe, universities were civic and professional bodies with a mixed clerical and lay membership, in contrast to northern Europe where they were ecclesiastical institutions. In northern universities, whose students and teachers were in clerical orders, the papacy attempted to control the content of teaching and occasionally intervened as censor. Even ancient works could be affected: in 1210 some of Aristotle's scientific writings were condemned, and in the 1270s attempts were made to prohibit certain propositions from debate—like 'That God does not know things other than himself'—under the pain of inquisitorial investigation for heresy. But, like most assaults on academic freedom, these efforts were ultimately unenforceable. It was, indeed, from the new university of Wittenberg in Saxony, founded in 1502, that Martin Luther's (1483–1546) new interpretation of Christianity was spread, initiating the momentous Reformation of European religious life.

University teaching was delivered in lectures, where professors commented on a core text: in geometry, rhetoric, philosophy, or theology. Illuminations to manuscripts show the classroom with its ranks—very much like a modern lecture hall—with the familiar array of avid note-takers alongside bored students, or those deep in conversation. Graduates with a Bachelor of Arts (BA)—today still known by the same name—from the University of Paris or Oxford could expect appointment to a parish living, a teaching or tutoring job, a post in royal administration, or in the service of a city council. Theirs were the skills of communication and recording: drafting letters, keeping official archives, or composing sermons. A few continued to the higher degrees of law, theology, or medicine, which held the promise of high ecclesiastical office, private practice, or membership in a royal or princely entourage. Access to posts depended on patronage, and some graduates waited years for permanent placements. Old boys' networks operated, creating pathways into professions already trodden by friends or relatives. Then as now university years were a time for hard work and hard play. Music and violence, sexual experimentation and satire, all arise intermingled from our sources. Students appear perennially poor, and developed a knack for writing heart-rending letters to friends and patrons in search of support. They drank a great deal and sang a lot too.

In universities the culture of scholarship and the culture of youth met. Friendships made at that formative stage served men in later life. The uniformity of the basic Latin training for the BA meant that educated men all over Europe shared a professional language as well as intellectual habits and tools. These could be very practical: a familiar style in composing letters, favourite moral fables from antiquity known to all, or the manner of approaching problems and seeking solutions to them. This uniformity characterized educated men well into the 19th century. Once women and other less privileged people entered higher education, once the democratic politics of the 20th century questioned the structure of university curricula, and the demands of scientific teaching transformed the teacher/student relationship, the legacy was bound to be transformed, as it has been in most modern universities—transformed, but not out of all recognition.

Universities led some young men to leave their homes and regions, to live in penury and make do with odd jobs—as scribes, secretaries, chaplains for hire. Students benefited from skills and connections which were highly transferable and useful in a wide variety of careers. To become a student they required some support from a patron—a local bishop, landlord of the estate on which they were born, or a well-to-do relative—but many students were poor and unsure of their future prospects. The most distinguished people in society did not send their sons to universities, yet universities were full of bright and lively young people. Even those who dropped out after a year or two had sufficient training to allow them to earn a living. What has not changed is the culture of young adulthood fostered in these institutions of learning, and the possibilities for social mobility these afforded.

Printed books

Even though so much of our reading is now done on screens we still love books, and will no doubt continue to do so. The book format is one of the most remarkable inventions of our period. The ancient world used inscribed surfaces: clay tablets and the easily erasable wax tablets. Greeks and Romans also used scrolls made of durable soft materials, like papyrus in the dry Mediterranean regions. But the codex, or book—with pages that can be leaved—was an invention associated in particular with the spread of Christianity.

The book came to represent Christianity, a religion based on scripture, old and new. Some of the central figures in the Christian tradition are habitually represented by them holding a book: the evangelists—Mark, Matthew, Luke, and John—or Augustine, a father of the Church. Books came increasingly to be used for the preservation and use of scripture, in liturgy and in private devotion. Gospels were some of the prestigious gifts offered to rulers at the moment of conversion—like the glorious St Augustine Gospels—associated with the mission sent from Rome to England.

Books were useful and laden with symbolic meaning. Before the year 1000 most books were to be found in the libraries of monasteries and cathedrals, and in the treasuries of courts. Such courts were often itinerant, and moved between sites according to the season of year, and so important books were transported in chests, and cared for by chaplains. They were protected and respected by the use of expensive bindings, made of ivory, precious metal, or fine leather, and often encrusted with gems and pearls. The contents of books were frequently read aloud: in monastic refectories during meals, in aristocratic halls during feasts, by chaplains in private chapels. Books were rare even towards the end of our period, and the medieval invention of print would change the ubiquity, visibility, and accessibility of books forever.

Those books associated with religion or with the entertainment of the rich and leisured were often decorated lavishly. The 13th century manuscript of the miracles of the Virgin Mary made at the request of Alfonso X (1221–84), king of Castile, contains the text in verse, in the courtly Galician, inscribed on pages which were also heavily decorated with illustrations of the text as well as by notes for singing it. Far less ornate are the thousands of surviving work-oriented books: texts for study in universities, or manuals for parish priests at their pastoral care, books of law, medicine, and work Bibles. These were often copied in smaller—sometimes cursive—handwriting, without any adornment. To such work books were often attached, especially from the 13th century, indices and thematic retrieval systems to facilitate use, systems we still appreciate today. They combined colour markings of chapter headings—called rubrics, since they were often marked in red ink—with the arrangement of commentaries and glosses on the margins of pages. It is interesting to observe how some of these aids have been translated digitally to our screens.

The production of books was laborious, parchment and inks were expensive—a small working Bible of *c.*1300 required parchment from some 35 animals—and so only limited social and professional groups could hope to own them. Books were so precious that owners bequeathed them in wills, and passed them on within families. They were particularly costly when they contained illuminations and drawings, as so many books for religious use did. Demand for books by informed lay people as well as by the professional religious encouraged craftsmen to develop efficient methods of reproduction. The silversmiths—experts in engraving of fine metals—led the way. Johann Gutenberg (1395–1468) was a goldsmith from the city of Mainz, an entrepreneur who experimented in many innovative ventures associated with the religious culture of his day. None was more momentous than his invention of moveable type for the printing of texts. He printed the first Bible in 1455.

The rest is history.

Song

Out of the blend of traditions—Latin and vernacular, religious and secular, north and south, two ambitious cycles of poetry written in the 14th century have made their way into the canon of great world literature. They are each the result of the interaction of a poet's vision with a vast array of literary, theological, political, and scientific knowledge accumulated over the centuries we are studying. Both were ambitious projects, and each is considered as the moment when their language was perfected as a medium for literary expression—Tuscan and English—they are Dante Alighieri's (*c.*1265–1321) *Divine Comedy*, and Geoffrey Chaucer's (*c.*1343–1400) *Canterbury Tales*. Both poem cycles are organized around a journey: the former is Dante's way through Hell, Purgatory, and on to Paradise accompanied by the poet Virgil; Chaucer's is that of a group of pilgrims making their way from Southwark to the shrine of St Thomas Becket at Canterbury. Each in its way is a meditation on human worth and frailty, on the power of exemplary figures to inspire and elevate.

Poets in our period were heirs to several traditions. From antiquity they inherited the ambitious epics of war, love, and power, the greatest of all being Virgil's *Aeneid*, known to every child schooled in Latin; the Bible taught the rich structure and imagery of the Psalms, poetry which formed the daily liturgy of all religious and many engaged lay people. Traditions of oral poetry intersected with the classical and biblical all over Europe, and particularly powerfully in Iceland, Ireland, and Wales. Al-Andalus produced an exquisite culture of poetry in Arabic, whose sounds and rhythms in turn inspired the fine Hebrew poetry of Judah ha-Levi (*c.*1075–1141), and influenced the music of the Occitan troubadours. Traditions of epic poetry recounted deeds of heroism, like the *Chanson de Roland*, in the vernacular, and for the delight of aristocratic audiences.

The region between France and Spain—Occitania—set the tone for poetry and song from the early-12th century, and remained a point of reference for much later poetry. Poetry and music were combined and their subject was love. Human feeling, human thought, and human voice came together in the work of the Troubadours, men and women who sang love in all its pain and yearning. European love song has remained alive in European culture—later in world culture—for some one thousand years. It was produced by amateurs and professionals, by men and women, and lived both on the written page and in performance: the singer and the song, like Dylan and Baez, *trubadour* and *trobairitz*.

At the same time, Europe's religious lore was translated from Latin into vernacular languages with the aim of enriching the life of the laity. The miracles of the Virgin Mary, lovingly collected in Latin by English monks in the 12th century, were translated in the next century into the languages of England, Provence, Castile, northern France, and later on into Icelandic, Hungarian and were turned into song.

Nurtured in the courts of counts and dukes of southern France, areas that had been in constant contact with Muslim Spain, a world of warfare, lordship, and separation, songs of yearning achieved an extraordinary blend of word and sound. Somewhat later in northern France and England, songs were written by men with a Latin education, and convey a mixture of exaltation and objectification of women. This developed into the cultural style of courtly love, in which women were objects of desire, fought over by men: distant, even cruel. In the world of court and song, women were prominent patrons and promoters of love-song. Courtly love was imaginary and aspirational, but it influenced some patterns of interaction between men and women, in the etiquette of wooing and romance, which still reverberates in many genres of modern culture.

Poetry and song became attached to the rich legacy of heroic tale, which coalesced around the figure of the Briton, King Arthur, and which spread throughout Europe into all its languages. Arising from the heightened awareness of origins and ethnicity engendered by the Norman Conquest of England, in that most multi-ethnic land, the British traditions were rewritten as history. Geoffrey of Monmouth's (*c.*1100–*c.*1155) *History of the Kings of Britain*, based on Welsh and Latin sources, created a historical narrative from the Trojans who settled in Britain after the war in Troy, through complex lineages to the time of King Arthur.

Courts inspired life styles, religious and cultural trends, and influenced manners. Courts were also hubs for the production and display of luxury goods and of literature, especially the poetry which was recited and performed, sometimes sung, for the entertainment of audiences of men and women. Courts began to play at Arthurian legend, to emulate the competition, sociability, love-sickness, and gender roles this depicted. People began to take the names of Arthurian celebrities—Arthur, Lancelot, Guinevere—and to design jousts and festivities around them.

Such playfulness was the privilege of European elites for centuries, and in the 20th century it inspired a global playground. The courtly song of medieval romance provides the language of courtship, yearning, self-understanding for the world's youth. It now also fills large spaces of the imagination through role-play, games, literature, and film.

Now you know how it came about.

References

Chapter 2: People and their life-styles

For Rather of Verona: *Opera minora (Minor works)*, ed. Peter L. D. Reid (Turnhout: Brepols, 1976), 5; and the Irish poem: *Early Irish Satire*, ed. Roisin McLaughlin (Dublin: Dublin Institute for Advanced Studies, School of Celtic Studies, 2008), 149.

On Osbert of Clare: Jacqueline Murray, 'One Flesh, Two Sexes, Three Genders?', in Lisa M. Bitel and Felice Lifshitz (eds.), *Gender and Christianity in Medieval Europe: New Perspectives* (Philadelphia: University of Pennsylvania Press, 2008), 52–75, at p. 43; on Catherine of Siena, Raymond of Capua, *The Life of St. Catherine of Siena*, trans. George Lamb (London: Harvill Press, 1960), 61.

On Hartmann von Aue: Elizabeth Archibald, *Incest and the Medieval Imagination* (Oxford: Clarendon Press, 2001), 111–13.

On Life of St Gellert: Gabor Klaniczay, '"Popular Culture" in Medieval Hagiography and in Recent Historiography', in Paolo Golinelli (ed.), *Agiografia e culture popolari. Hagiography and Popular Culture. In ricordo di Pietro Boglioni* (Bologna: CLUEB, 2012), 7–44, at pp. 17–18.

For Ingatestone, Essex: Judith M. Bennett, *Ale, Beer, and Brewsters: Women's Work in a Changing World, 1300–1600* (New York: Oxford University Press, 1996), 159; and on Floreta d'Ays: Monica H. Green and Daniel Lord Smail, 'The Trial of Floreta d'Ays (1403): Jews, Christians, and Obstetrics in Later Medieval Marseille', *Journal of Medieval History* 34 (2008), 185–211.

For the Irish poem: *Early Irish Satire*, 4; on Genovefa: Lisa M. Bitel, *Landscape with Two Saints: How Genovefa of Paris and Brigit of*

Kildare Built Christianity in Barbarian Europe (Oxford: Oxford University Press, 2009), 55–7.

On the Life of Barbatus: Paolo Squatriti, *Landscape and Change in Early Medieval Italy: Chestnuts, Economy, and Culture* (Cambridge: Cambridge University Press, 2013), 1–3.

On King Olaf: Stephen A. Mitchell, *Witchcraft and Magic in the Nordic Middle Ages* (Philadelphia: University of Pennsylvania Press, 2011), 92–3.

Chapter 3: The big idea: Christian salvation

On the Conversion of the Livs: Alan V. Murray 'Henry the Interpreter: Language, Orality and Communication in the Thirteenth-Century Livonian Mission', in *Crusading and Chronicle Writing on the Medievel Baltic Frontier: A Companion to the Chronicle of Henry of Livonia*, ed. Marek Tamn, Linda Kaljundi and Carsten Selch Jensen (Farnham: Ashgate, 2011), pp. 107–34. at 107–108.

On Dhuoda: Janet L. Nelson, 'Dhuoda on Dreams', in Conrad Leyser and Lesley Smith (eds.), *Motherhood, Religion, and Society in Medieval Europe, 400-1400: Essays Presented to Henrietta Leyser* (Farnham: Ashgate, 2011), 41–54.

On the Life of St Leoba: *Anchoress and Abbess in Ninth-Century Saxony: The Lives of Liutbirga of Wendhausen and Hathumoda of Gandersheim*, trans. with an introduction by Frederick S. Paxton, (Washington (DC): Catholic University Press, 2009), 43.

On Kołbacz: Emilia Jamroziak, *Survival and Success on Medieval Borders: Cistercian Houses in Medieval Scotland and Pomerania from the Twelfth to the Late Fourteenth Century* (Turnhout: Brepols, 2011), 85; on Løgum: James France, *Separate but Equal: Cistercian Lay Brothers, 1120–1350* (Collegeville (MN): Liturgical Press, 2012), 4; on Hathumoda: *Anchoress and Abbess in Ninth-Century Saxony*, 69.

On the *Salve regina*: Caesarius of Heisterbach, *The Dialogue on Miracles*, trans. H. von E. Scott and C. C. Swinton Bland, with an introduction by G. G. Coulton (London: G. Routledge and Sons, 1929), 497–8.

On Franciscans in Denmark: Hans Krongaard Kristensen, *The Franciscan Friary of Svendborg* (Svendborg: Svendborg County Museum, 1994), 11.

Chapter 4: Kingship, lordship, and government

On the terms and treaties: Jenny Benham, 'Law or Treaty? Defining the Edge of Legal Studies in the Early and High Medieval Periods', *Historical Research* 86 (2013), 487–97; at p. 495.

Chapter 5: Exchange, environments, and resources

On woodland: Squatriti, *Landscape and Change in Early Medieval Italy.*

On water supply: Paolo Squatriti, *Water and Society in Early Medieval Italy, AD 400–1000* (Cambridge: Cambridge University Press, 2009).

For the image of a boy fallen into a river, British Library Yates Thompson 47, fo. 94v, 1461–*c.*1475.

On salmon in Iceland: Steinar Imsen (ed.), *The Norwegian Domination and the Norse World, c.1100–c.1400* (Trondheim: Tapir Academic Press, 2010), 128.

Chapter 6: The 'Middle Ages' of 'others'

On Hrabanus Maurus: Julia M. H. Smith, *Europe after Rome: A New Cultural History 500–1000* (Oxford: Oxford University Press, 2005), 232.

On Geza: Smith, *Europe after Rome*, 235.

Chapter 7: The 'Middle Ages' in our daily lives

On the University of Paris: Ian P. Wei and Adam R. Nelson (eds.), *The Global University: Past, Present, and Future Perspectives* (New York: Palgrave Macmillan, 2012), 133–51, at p. 135.

On Occitan poetry: Sarah Kay, *Parrots and Nightingales: Troubadour Quotations and the Development of European Poetry* (Philadelphia (PA): University of Pennsylvania Press, 2013), 57.

Further reading

Here are some of the books that have influenced the ways we think about the period 500–1500, with their research findings and interpretations.

Marc Bloch, *Feudal Society* (London: Routledge and Kegan Paul, 1961).
Jacques Le Goff, *Medieval Civilization, 400–1500*, trans. Julia Barrow (Oxford: Basil Blackwell, 1988).
Henri Pirenne, *Medieval Cities: Their Origins and the Revival of Trade*, trans. Frank D. Halsey (Princeton (NJ): Princeton University Press, 1969).
Eileen Power, *Medieval People* (London: Methuen, 1924).
Richard W. Southern, *The Making of the Middle Ages* (London: Hutchinson's University Library, 1953).

Chapter 1: 'The Middle Ages'?

Robert Bartlett, *The Making of Europe: Conquest, Colonization and Cultural Change, 950–1350* (London: Penguin, 1994).
Nora Berend (ed.), *Christianization and the Rise of Christian Monarchy: Scandinavia, Central Europe and Rus' c.900–1200* (Cambridge: Cambridge University Press, 2010).
Michael Camille, *The Gargoyles of Notre-Dame: Medievalism and the Monsters of Modernity* (Chicago: University of Chicago Press, 2009).
Yitzhak Hen, *Roman Barbarians: The Royal Court and Culture in the Early Medieval West* (Basingstoke: Palgrave Macmillan, 2007).
William C. Jordan, *Europe in the High Middle Ages* (London: Allen Lane, 2001).

Jonathan Riley-Smith, *The First Crusade and the Idea of Crusading* (London: Athlone, 1993).
Julia M. H. Smith, *Europe after Rome: A New Cultural History 500–1000* (Oxford: Oxford University Press, 2005).
Chris Wickham, *The Inheritance of Rome: A History of Europe from 400 to 1000* (London: Alan Lane, 2009).

Chapter 2: People and their life-styles

Joan Cadden, *Meanings of Sex Difference in the Middle Ages: Medicine, Science, and Culture* (Cambridge: Cambridge University Press, 1993).
Heinrich Fichtenau, *Living in the Tenth Century: Mentalities and Social Orders*, trans. Patrick J. Geary (Chicago: University of Chicago Press, 1991).
Paul Freedman, *Images of the Medieval Peasant* (Stanford (CA): Stanford University Press, 1999).
Maurice Keen, *Chivalry* (New Haven (CN): Yale Nota Bene, 2005).
Phillipp R. Schofield, *Peasant and Community in Medieval England, 1200–1500* (Basingstoke: Palgrave Macmillan, 2003).

Chapter 3: The big idea: Christian salvation

Paul Binski, *Becket's Crown: Art and Imagination in Gothic England, 1170–1300* (New Haven (CN): Yale University Press, 2004).
Peter Brown, *The Rise of Western Christendom: Triumph and Diversity, A.D. 200–1000*, 10th anniversary rev. edn (Chichester: Wiley-Blackwell, 2013).
Caroline Walker Bynum, *Holy Feast and Holy Fast: The Religious Significance of Food to Medieval Women* (Berkeley (CA): University of California Press, 1987).
Patrick Geary, *Living with the Dead in the Middle Ages* (Ithaca (NY): Cornell University Press, 1994).
Jacques Le Goff, *The Birth of Purgatory*, trans. Arthur Goldhammer (Aldershot: Scolar, 1990).

Chapter 4: Kingship, lordship, and government

Sverre Bagge, *From Viking Stronghold to Christian Kingdom: State Formation in Norway, c.900–1350* (Copenhagen: University of Copenhagen Press, 2010).

Thomas N. Bisson, *The Crisis of the Twelfth Century: Power, Lordship, and the Origins of European Government* (Princeton (NJ): Princeton University Press, 2009).
Susan Reynolds, *Fiefs and Vassals: The Medieval Evidence Reinterpreted* (Oxford: Oxford University Press, 1994).
John Watts, *The Making of Polities: Europe, 1300–1500* (Cambridge: Cambridge University Press, 2009).

Chapter 5: Exchange, environments, and resources

Olivia Remie Constable, *Housing the Stranger in the Mediterranean World: Lodging, Trade, and Travel in Late Antiquity and the Middle Ages* (Cambridge: Cambridge University Press, 2003).
William C. Jordan, *The Great Famine: Northern Europe in the Early Fourteenth Century* (Princeton (NJ): Princeton University Press: 1996).
Paolo Squatriti, *Water and Society in Early Medieval Italy* (Cambridge: Cambridge University Press, 1998).

Chapter 6: The 'Middle Ages' of 'others'

Anna Sapir Abulafia, *Christian–Jewish Relations, 1000–1300: Jews in the Service of Medieval Christendom* (Harlow: Pearson Longman, 2011).
Dominique Iogna-Prat, *Order and Exclusion: Cluny and Christendom Face Heresy, Judaism, and Islam (1000–1150)*, trans. Graham Robert Edwards (Ithaca (NY): Cornell Univesrity Press, 2002).
R. I. Moore, *The Formation of a Persecuting Society: Authority and Deviance in Western Europe 950–1250*, 2nd edn (Oxford: Blackwell, 2007).
David Nirenberg, *Communities of Violence: Persecution of Minorities in the Middle Ages* (Princeton (NJ): Princeton University Press, 1996).

Chapter 7: The 'Middle Ages' in our daily lives

Christopher de Hamel, *Bibles: An Illustrated History from Papyrus to Print* (Oxford: Bodleian Library, 2011).
Christopher Page, *Discarding Images: Reflections on Music and Culture in Medieval France* (Oxford: Clarendon, 1993).
Ian Wei, *Intellectual Culture in Medieval Paris: Theologians and the University c.1100–1300* (Cambridge: Cambridge University Press, 2012).

“牛津通识读本”已出书目

古典哲学的趣味
人生的意义
文学理论入门
大众经济学
历史之源
设计，无处不在
生活中的心理学
政治的历史与边界
哲学的思与惑
资本主义
美国总统制
海德格尔
我们时代的伦理学
卡夫卡是谁
考古学的过去与未来
天文学简史
社会学的意识
康德
尼采
亚里士多德的世界
西方艺术新论
全球化面面观
简明逻辑学
法哲学：价值与事实
政治哲学与幸福根基
选择理论
后殖民主义与世界格局
福柯
缤纷的语言学
达达和超现实主义
佛学概论
维特根斯坦与哲学
科学哲学
印度哲学祛魅
克尔凯郭尔
科学革命
广告
数学
叔本华
笛卡尔
基督教神学
犹太人与犹太教
现代日本
罗兰·巴特
马基雅维里
全球经济史
进化
性存在
量子理论
牛顿新传
国际移民
哈贝马斯
医学伦理
黑格尔
地球
记忆
法律
中国文学
托克维尔
休谟
分子
法国大革命
民族主义
科幻作品
罗素
美国政党与选举
美国最高法院
纪录片
大萧条与罗斯福新政
领导力
无神论
罗马共和国
美国国会
民主
英格兰文学
现代主义
网络
自闭症
德里达
浪漫主义
批判理论

德国文学	儿童心理学	电影
戏剧	时装	俄罗斯文学
腐败	现代拉丁美洲文学	古典文学
医事法	卢梭	大数据
癌症	隐私	洛克
植物	电影音乐	幸福
法语文学	抑郁症	免疫系统
微观经济学	传染病	银行学
湖泊	希腊化时代	景观设计学
拜占庭	知识	神圣罗马帝国
司法心理学	环境伦理学	大流行病
发展	美国革命	亚历山大大帝
农业	元素周期表	气候
特洛伊战争	人口学	第二次世界大战
巴比伦尼亚	社会心理学	中世纪